KB265010

정치의 재발견

정치의 재발견

소셜미디어, 대한민국 정치의 판을 바꾸다!

• 유창선 지음 •

지식프레임

SNS 시대의 대한민국 정치 보고서

2009년이 시작되던 겨울.

그 무렵부터 나에게 하차 통보를 하는 방송사들이 한 곳 두 곳 늘어갔다. 촛불의 공포로부터 탈출한 MB정권은 본격적으로 방송 장악에 나섰고, 나 또한 망나니들이 휘두르는 칼날을 피해갈 수는 없었다.

지난 10여 년간 나는 시사평론가로서 지상파 방송을 비롯해 하루 5~6개씩 고정 방송을 하고 있었다. 소위 잘나가던 시절이었다. 그러던 어느 날, 하루아침에 생업을 박탈당한 채 일거리가 없어진 처지가 되어버린 것이다.

나에게는 오랜 생활 습관이 있었다. 2001년경부터 매일같이 이른 아침에 방송을 하다 보니, 남들은 자고 있는 새벽에 일어나

방송국으로 향하는 일이 그것이었다. 그런데 방송에서 추방된 이후, 이제는 새벽에 일어나도 갈 곳이 없었다.

10여 년간 열정을 바쳐서 해 왔던 일을 부당한 이유로 한순간에 빼앗긴 채 분을 삭여야 했던 상황. 하지만 견디어내야 했다. 정신 똑바로 차리고 이겨내지 못하면 정신병이라도 걸릴 법한 시간이었다.

나는 마음을 다잡았다. 마지막에 누가 웃는지 두고 보자는 분노가 마음 깊이 강렬하게 일어났다. 부도덕한 권력과의 싸움은 그렇게 시작되었다.

방송에서 퇴출당했던 그 무렵, 때마침 SNS(소셜네트워크서비스)가 시대의 물결처럼 밀려오고 있었다. 이 없으면 잇몸이라고 했던가. 나는 그 즉시 SNS를 통한 시사평론 활동으로 눈을 돌렸다. 오프라인 방송 출연을 봉쇄당한 나에게 SNS는 새로운 한 줄기 빛과 같았다. 그 빛이 어쩌면 나를, 아니 우리를 구출해 줄지 모른다는 설레임을 갖고 그곳에 본격적으로 판을 벌였다.

그렇게 나는 SNS 세상으로 망명을 했다. 블로그도 하고 아프리카 TV도 하고, 트위터도 페이스북도 마구마구 했다. 그 세상에는 수많은 독자들과 시청자들과 친구들이 있었다.

나는 SNS를 통해 이전과 마찬가지로 세상 돌아가는 일들에 대해 발언하고 소통했다. 외롭지 않았다. 나는 혼자가 아니었다. SNS 세상은 그렇게 우리를 하나로 연결시켜주었다.

이제 와서 돌이켜보면, 만약 그때 SNS가 없었더라면 그 시간을 어떻게 이겨냈을까 하는 생각이 든다. 어쩌면 골방에서 분을 삭이다가 시름시름 마음이 병들어갔을지도 모른다. 그런데 나에게는 SNS가 있었고, 그 덕에 실시간으로 세상의 수많은 벗들과 연결되어 소통할 수 있었다.

SNS 세상의 수많은 벗들은 변함없이 나의 이야기를 기다리고 있었다. 그리고 격려하고 성원해 주었다. 더욱 놀랐던 것은, 몇 년의 시간 동안 방송에서 보이지 않았는데도 사람들은 내가 무슨 생각을 하며 무엇을 하고 있는지 다 알고 있었다는 사실이다.

나의 블로그는, 아프리카 TV는, 트위터는, 그리고 페이스북은 내가 가장 어려웠을 때 나를 지켜준 버팀목이었다. 나는 SNS 속에서 다시 열정을 불태웠고, 그래서 건재할 수 있었고, 마침내 세상 한복판으로 돌아왔다.

시중에는 SNS에 관한 수많은 이론서들이 나와 있다. 그러나 나에게 SNS는 단지 책상 위의 이론이 아니라, 뜨겁게 살아 있는 현장 그 자체였다.

뙤약볕 아래에서 캠코더를 들고 땀을 흘리며 집회 현장을 생중계하고 있다 보면 나도 모르게 영혼이 맑아져옴을 느꼈다. 그것은 냉방 잘되는 지상파 스튜디오에서 제법 되는 출연료를 받으며 방송하던 때와는 분명 다른 느낌이었다. 불의에 분노하여 매일같이 결의하던 청춘의 그 시절로부터 세월은 흘렀어도, 여전히 나의 가슴에는 뜨거운 분노와 사랑의 맥박이 뛰고 있음을 느꼈다. 기뻤다. 그해 여름, 나는 그렇게 다시 태어났다. SNS의 새 세상에서 만난 수많은 친구들과 함께.

그렇게 온몸으로 SNS를 배운 내가 SNS의 전도사 역할을 하게 되었던 것은 어쩌면 당연한 일이었다. 나는 지난 몇 년 동안 대학 강단에서, 많은 기관과 단체들에서 SNS가 만들어가고 있는 새로운 세상에 대해 말하고 다녔다. 나의 강의를 듣는 사람들에게, 당신들도 SNS를 통해 새로운 가능성과 기회에 도전해 보라고 권유했다. 그것은 가상의 미래가 아니었다. 이미 진행 중인 현실이었다.

오늘날 SNS는 사회와 정치를 변화시키고 있으며, 우리의 일상까지도 바꾸어놓고 있다. 수직적 권위 체계에 따라 위계화되어 있던 사회는 이제 수평적 네트워크로 재편되고 있다. 이로써 사회 구성원들은 SNS 공간에서 공평한 발언의 기회를 부여받고 있다. 여론은 거대 미디어나 권력에 의해 주입되지 않고 SNS 참여자들에 의해 아래로부터 만들어지고 있다.

이제 개인의 지위는 타고난 운명에 따라 귀속되지 않고 새로운 소셜네트워크가 제공하는 기회를 통해 변화될 수 있는 가능성이 커졌다. 소셜네트워크의 허브 역할을 하는 사람들이 새로운 권력으로 등장하였고, 이에 따라 기존의 권력은 분산되고 있다. 더 이상 과거와 같은 절대 권력은 불가능하게 되었다. SNS에 기반한 소셜네트워크 사회가 기존의 사회 구조가 안고 있는 문제들을 일거에 해결할 수는 없겠지만, 적어도 사회를 진보적인 방향으로 이끌고 있음은 엄연한 추세이다.

이러한 소셜네트워크 사회의 도래 속에서 우리 정치 역시 많은 변화를 겪고 있으며, 앞으로도 더 변하게 될 것이다. 독재와 권위주의의 정치사를 거치며 여전히 구조화되어 있는 수직적 권력 체계는 수평적 네트워크의 흐름에 의해 점차 허물어지고 있다. 여전히 권력의 폭력과 부정이 살아 있는 현실이지만, SNS를 통한 소통의 힘은 그들의 정치사회적 수명을 단축시키고 있다.

이 책은 SNS 시대의 대한민국 정치에 대한 보고서이다. 나는 SNS 시대가 전개되면서 우리 정치사회에 나타나고 있는 변화들을 살펴보고 앞으로의 과제를 찾아보려는 생각을 갖고 이 책을 써나갔다.

SNS 미디어 혁명은 단지 현대 기술의 발전만을 의미하지 않는다. SNS는 우리의 일상을 넘어 정치사회적 문화와 틀까지 변화시키고 있다. 따라서 기존의 낡은 관점이 아닌, 이제 SNS 시대에 걸맞는 시선으로 우리의 정치를 바라볼 때이다. 그동안 정치평론을 해 왔던 사람으로서, 나는 18대 대통령 선거를 앞둔 2012년의 정치를 그러한 관점에서 진단해 보고자 했다. 책의 제목대로 '정치의 재발견'이다.

책의 1부는 나의 체험적인 얘기들로 채워져 있다. 내가 MB정권 아래에서 방송에서 퇴출당했던 일, 그로 인해 SNS 세계에 몸을 던져 어떻게 활동을 했는지 내 자신의 지난 몇 년을 돌아보고 있다.

2부는 한동안 우리 사회를 뜨겁게 달구었던 나꼼수 현상에 대한 나의 분석과 진단이다. 내가 나꼼수에 대해 여러 글을 실은 것은 SNS 환경이 낳은 우리 사회의 대표적인 사례라고 여겼기 때문이다. 나는 나꼼수가 거둔 성취를 높이 평가하고 있다. 그러나 4·11 총선에서 남겨졌던 아쉬움도 함께 기록했다. 나꼼수 팬들의 입장에서는 혹여 섭섭한 대목이 있더라도 이런 의견도 있음을 이해하고 받아주기 바란다.

3부에서는 SNS가 우리 정치를 어떻게 변화시키고 있는지를 살펴본다. 특별히 새로운 분석들은 아닐 수 있지만, SNS 시대가

가져온 대한민국의 정치 변화를 정리해 본다는 의미에서 읽어주
시면 좋겠다.

아울러 4부에서는 주로 보수 진영의 문제를 짚고 있다. 대한민
국의 보수는 어째서 SNS에 무지하고 무능한지, 그리고 보수 미
디어들이 어떤 폐해를 낳고 있는지, 이를 비교적인 관점에서 설
명했다.

마지막 5부에서는 2012년 대선을 앞둔 한국 정치에서 소통의
문제를 진단한다. 특히 안철수 현상과 함께 주목받고 있는 소통
의 리더십을 이야기하고, 그 중요성을 되짚어본다. SNS 시대의
핵심이 소통에 있다는 점, 그리고 대선을 앞둔 시점에서 '소통의
정치'를 살펴보는 것은 의미있는 진단이라고 생각된다.

이 책의 원고를 거의 마치고 마지막 정리를 하고 있을 무렵,
내가 고정 출연하고 있던 손바닥 TV의 '손바닥 뉴스'가 기습적
으로 폐지되었다는 소식을 접했다.

손바닥 TV는 MBC 자회사인 MBC C&I가 시작한 모바일 기
반의 소셜 TV로, 특히 '손바닥 뉴스'는 선풍적인 인기를 모았다.
이 프로그램은 이상호 기자와 곽현화, 그리고 내가 호흡을 같이
했던 인기 방송이었다. 그런데 김재철 MBC 사장이 '제2의 나꼼
수가 될 수 있다'는 우려를 표한 이후에 어처구니없이 폐지되는
운명에 처하고 말았다.

우리는 시청자들에게 작별인사를 할 기회조차 갖지 못한 채 공중분해되고 말았다. 이는 올드미디어 시대의 낡은 관념으로 뉴미디어의 새로운 세상을 멋대로 재단하려는 시대착오적인 폭력이다. 낡은 권력들은 이제 한 줌밖에 남지 않은 자신들의 권력으로 오늘의 변화된 세상에 맞서려는 무모한 도발을 하고 있는 것이다. 그렇기 때문에 변화하는 세상에서 미래를 향해 바삐 가야 하는 우리는 그들과 피곤하고도 소모적인 씨름을 하지 않을 수 없다.

그러나 이 또한 지나가리라. 표현의 자유를 지키고 공정방송을 되찾기 위한 오늘의 싸움은 훗날 한국 언론사에 자랑스러운 한 페이지로 기록될 것이다. 지금 이 시간, 권력의 방송 장악에 맞서 방송민주화를 위해 싸우고 있는 방송인들께 이 책을 바친다.

이렇게 책을 내려 하니 한편으로는 두려움이 앞선다. 나에게 책은 이론의 나열이 아니라 삶의 기록이다. 여기에는 내가 생각하고 있는 것, 내가 믿고 있는 것, 그리고 내가 하고 있는 것들이 숨김없이 기록되었다. 5년 뒤, 혹은 10년 뒤에 지금 나의 기록들을 본다면 어떤 생각이 들까. 그때 다시 읽어도 지금의 내 모습과 생각이 부끄럽지 않은 기록이 되었으면 좋겠다.

폭압이 다스리던 청춘 시절, 내가 살고 있는 조국을 위해 몸을 던질 각오를 하고 살았던 기억은 나의 평생을 지켜준 자부심 같은 것이었다. 미약하나마 그래도 그 기억의 끈을 놓지 않고 살아왔기에 오늘 이런 생각을 담은 책이라도 낼 수 있는 것인지 모른다.

　나의 정신적, 생물학적 여력이 다하는 날까지 지금 하고 있는 일들을 흔들림 없이 해 나가고 싶다. 아름다웠던 스물의 나이 때 가슴 속에 담았던 맹세를 잊는 일 없이. 마치 첫사랑의 기억을 간직하듯이.

2012년 5월, 어느 커피숍에서 저자

Contents

Part 1

MB의 블랙에 걸리다

이 책은 내가 소셜미디어의 한복판에 뛰어들게 된 이야기부터 시작된다. 하루아침에 방송 퇴출을 통보받은 시사평론가 방송인. 하지만 하늘이 무너져도 솟아날 구멍이 있다고 했던가. MB정부 아래에서 방송 퇴출을 계기로 눈뜬 SNS 세상은 나에게 전화위복의 기회를 가져다주었다. 소셜미디어가 없었더라면 나는 죽었을 것이다. 소셜미디어가 있었기에 나는 모진 세월 속에서 살아남을 수 있었다.

MB에게서
마이크를 빼앗기다

촛불정국이 끝나고 이명박 정부에 의한 방송 장악 논란이 불거지던 2009년 1월 어느 날. 나는 당시 고정 출연 중이었던 KBS 1라디오 프로그램으로부터 갑작스런 하차를 통보받았다.

당시 내가 출연하던 프로그램은 토요일과 일요일에 방송되던 〈안녕하십니까. 생방송 이병혜입니다〉. 나는 여기서 주간 시사 분석 코너를 맡고 있었다. 이를 위해 토요일과 일요일 낮이면 스튜디오에 가서 10분 남짓 생방송을 하곤 했다.

물론 이전에도 하차 위기는 있었다. 2008년 8월 정연주 사장이 강제 퇴진당하고 이병순 사장이 취임한 뒤 단행된 가을개편 때였다. 당시 진보 언론에 속한 여러 고정 패널들이 하차하게 되어 많은 논란이 있었는데, 그나마 내 경우는 변동 없이 그대로 방송을 계속할 수 있었다. 아마도 방송 내용을 가지고는 특별히 흠잡기가 어려웠던 모양이다.

이후 나는 추석을 앞두고 9월 9일에 KBS 1TV를 통해 방송된 〈대통령과의 대화〉에도 전문가 패널로 출연했다. 짐작건대 당시 〈대통령과의 대화〉는 이병순 사장이 들어서기 이전에 제작진이 이미 벌여놓은 일이라 어쩔 수 없었던 것 같다. 그 덕에 나는 과도기의 절묘한 틈바구니 속에서 이명박 대통령을 상대로 질문을 하는 상황이 가능했다. 그러나 그렇게, 내가 KBS에서 비중 있는 출연을 하는 것은 대통령과 대화를 나눈 그날이 사실상 마지막이 되어버렸다.

나는 왜 블랙리스트가 되었나

〈대통령과의 대화〉가 있은 뒤 몇 달 후, 드디어 올 것이 오고 말았다. 느닷없는 하차 통보였다. '느닷없다'는 표현을 쓰는 데에는 그럴 만한 이유가 있다.

먼저, 그때는 개편 시기가 아니었다. 고정 출연자의 교체는 통상 개편 때에 이루어지는데, 나에 대한 하차 통보는 개편을 한참 앞두고 이루어졌다. 또 내가 해 왔던 방송 내용에 별 문제가 있었던 것도 아니었다. 나의 방송 내용이 균형과 공정성을 지킨다는 것은 자타가 인정하던 때였다. 그럼에도 불구하고 방송에 임박해서 ‘마지막 방송’이라는 통보를 받았다. 누가 봐도 정상적인 하차 통보는 아니었다.

나는 직감적으로 느낄 수밖에 없었다. 뭔가 특별한 배경이 있는 통보라는 사실을. 그래서 하차 통보를 하기 위해 전화를 걸어온 담당 PD에게 물었다.

“개편 때도 아닌데 갑자기 교체 통보를 하는 것이 이상하네요. 교체 사유가 무엇인지 알 수 있을까요?”

“저도 모릅니다. 유 박사님이야 방송도 균형 있게 잘해 주시는 분이라 저도 의아해서 국장에게 교체 이유를 물었습니다만, 교체를 지시한 국장도 이유를 알지 못한다고 하네요. 정말 죄송합니다. 요즘 회사 분위기가 그렇습니다. 제가 어떻게 할 수 있는 상황이 아닙니다.”

짧은 전화 통화. 나의 하차는 이유를 알 수 없는 ‘윗선’으로부터의 지시에 따른 것임이 확인되었다.

나의 하차와 관련된 의혹은 〈경향신문〉 2009년 1월 13일자에 ‘KBS, 시사프로 패널 하차 외압 의혹’ 기사로도 실렸다.

담당 PD는 “회사 내부 사정이라 자세히 말할 수 없다”면서 “지난 9일 윗선으로부터 ‘바꾸라’는 통보를 받았을 뿐 구체적인 사유는 모른다"고 말했다. 프로그램 작가는 "개편 때가 아니더라도 진행 실력과 불가피한 개인 사정 등으로 출연자가 교체되는 사례가 종종 있지만, 이번 경우는 해당 안 된다"고 말했다.

당시 담당 PD에게 나의 하차를 지시한 사람은 라디오1국장이었다. 그런데 지시를 한 사람조차도 교체 이유를 모르고 있다니. 그렇다면 나에 대한 하차 통보는 최소한 국장 이상의 윗선에서 이루어진 결정이라는 얘기였다.

그러한 결정의 당사자가 이병순 사장인지, 아니면 KBS 외부의 다른 곳인지 나는 알지 못한다. 다만 나에 대한 전격 교체가 MB정부와 코드가 맞지 않는 방송인들에 대한 퇴출 차원에서 이루어진 것이라는 점만은 분명했다.

그 즈음 방송가에 이른바 블랙리스트가 등장했다. 과거 군사독재정권 시절 노동운동을 탄압하기 위해 해고 노동자들의 재취업을 가로막는 수단이었던 블랙리스트가 MB정부 들어 방송계에서 부활한 기가 막힌 순간이었다. 방송인 김미화, 김제동, 윤도현 등의 퇴출과 관련해 KBS에 블랙리스트가 존재하느냐를 둘러싼 논란이 전개된 것은 그 뒤의 일이었다.

그리고 더 기막힌 일이 바로 그 다음 주에 생겼다. KBS 1라디오 〈열린토론〉 작가가 전화를 걸어 주말에 출연해 달라는 요청을 했고 나는 수락했다. 굳이 피할 이유는 없었다. 그런데 다음 날 다시 전화가 왔다. 내가 출연한다는 사실을 안 국장이 취소 지시를 내렸다는 것이다. 유창선은 안 된다는 것이었다. 얘기를 전하는 작가는 나에게 미안해서 쩔쩔매고 있었다. 속된 말로 분위기 파악을 제대로 못 한 PD와 작가들이 나를 섭외했다가 질책을 당하고 번복까지 하는 지경에 이른 것이다. 그것이 KBS로부터 나에게 온 마지막 전화였다. 나는 그렇게 MB정부의 KBS에게서 블랙에 걸렸다.

청와대 전화 한 통에 퇴출당하다

나에 대한 블랙은 KBS에서 그치지 않았다. 당시 내가 KBS만큼이나 오랫동안 출연했던 방송이 보도전문채널인 MBN이었다. KBS의 경우는 TV와 라디오를 합해 7년가량 매일같이 출연하다시피 했고, MBN 역시 6년 동안 매일 고정 출연을 했다. 그런데 2009년 8월, KBS에 이어 MBN에서도 갑작스런 하차를 통보받았다.

여느 날과 다름없이 생방송을 하고 스튜디오를 나오는데 휴가 중이었던 담당 PD가 나를 기다리고 있었다. "긴히 드릴 말씀이 있어서 휴가 도중에 달려왔다"는 것이다.

어렵게 말을 꺼내는 PD의 모습을 보고는 뭔가 있구나 하는 감을 잡았다. 아니나 다를까. 나를 더 이상 출연시키기 어렵다는 통보였다. 회사 상무가 전날 자신에게 전화를 걸어 불호령을 내렸단다. 전부터 교체 지시를 내렸는데 왜 말을 들어먹지 않느냐고 호통을 쳤단다.

사연인즉 이랬다. 며칠 전 경남대 K교수가 출연을 했는데 그에 대해 문제 제기를 하는 전화가 청와대에서 왔다는 것이다. 총선에서 민주당으로 출마했던 사람을 출연시키면 어떻게 하느냐는 것이었다고 한다. 그러면서 나의 출연까지 함께 문제가 된 것 같다는 이야기를 전했다.

결국 청와대의 전화 한 통에 나는 6년 동안 매일같이 방송을 했던 곳에서 하루아침에 내쳐지는 신세가 되었다. 그것도 바로 다음 날이 마지막 출연이라는 통보와 함께.

MBN에서의 하차는 인간적으로도 서운한 마음이 컸다. MBN에 고정 출연을 하던 시기에 KBS TV의 같은 시간대 프로그램으로부터 고정 출연 제의를 받은 적이 있었다. 조건만 따지자면 당연히 시청률도 높고 출연료도 더 주는 KBS로 옮겼을 것이다. 그러나 당시 내가 MBN을 그만두는 것에 대해 많이 서운해 하는 제작팀의 반응을 보고는 KBS로 가겠다던 말을 뒤집은 적이 있었다. 오랫동안 방송을 같이한 의리 때문이었다.

하지만 하차 통보를 받는 순간, 나의 그러한 의리는 무참히 쓰레기통 속에 내동댕이쳐지고 말았다. 권력 앞에 엎드린 그들에게 중요한 것은 사람 사이의 의리가 아니었다.

그렇다면 MBN이 청와대의 전화 한 통에 벌벌 기는 모습을 보인 까닭은 무엇일까?

그 이면에는 종편채널 선정 문제가 있었다. 당시 MBN은 종편채널 사업자 신청을 하기로 한 상태였고, 사업자 선정을 위해 MB정부의 눈치를 봐야 하는 상황이었다. 나에게 하차 통보를 하던 담당 PD도 이러한 회사 분위기를 토로했었다.

내가 MBN에서 겪은 이 같은 일은 이명박 정부가 밀어붙인 종편채널의 성격을 생생하게 보여주었다. 종편채널들은 이미 사업자 신청과 선정 단계에서부터 정권과의 정치적 유착 관계를 맺고 있었다. 정권은 종편채널 사업자 선정 권한을 갖고 언론사들을 길들이고 있었다. 나쁜 짓이었다.

빼앗긴 마이크, 빼앗긴 생존권

MB정부 아래에서 방송인으로서 나의 수난은 이렇게 시작되었다. KBS와 MBN에서의 퇴출은 다른 방송사에서의 활동에도 적지 않은 영향을 끼쳤다.

종종 섭외가 오던 MBC TV의 〈100분 토론〉이나 MBC 라디오 프로그램들에서는 아예 섭외가 끊겼다. TBS(교통방송)의 경우도 MB정부 들어 몇 년 동안 출연을 못 하다가 지난해부터서야 정상적으로 출연하고 있다. 여러 방송에서 간혹 나를 출연시키려고 섭외까지 했다가 마지막 순간에 "죄송합니다. 어렵게 되었습니다"라는 전화를 받는 일들이 비일비재했다.

이러한 상황은 방송을 전업으로 하다시피 했던 나에게 생존권을 위협하는 문제였다. 새벽부터 밤늦게까지 방송사들을 옮겨 다니며 방송 활동을 하던 나에게서 MB정부는 마이크를 빼앗아갔다. 그것도 납득할 만한 한마디의 설명조차 없이.

그저 내가 PD들을 통해서 들었던 얘기라고는 '노무현 정부 때 방송에 많이 나왔기 때문'이라는 말도 안 되는 이유뿐이었다. 적어도 내가 했던 방송의 내용이 편파적이라거나 공정하지 못해서 그렇다는 얘기는 듣지 못했다.

나는 방송이란 다양한 의견을 가진 사람들이 보고 듣는 것인 만큼, 할 말은 하되 어느 편에 속하지 말고 공정하게 해야 한다는 원칙을 불문율로 삼아왔다. 그러나 그러한 나의 노력은 정권이나 그 하수인들에게는 중요한 것이 아니었다.

아마도 그들에게 유창선이라는 사람은 MB정부와 코드가 다르고, 따라서 정부를 비판할 소지가 있다는 점이 껄끄러웠던 모양이다. 이는 자신들 편이 아니면 방송에 나올 수 없다는 야만적 폭력이었다. 도대체 정권이 바뀌었다는 이유로 아무런 근거조차 없이 마이크를 빼앗고 한 사람의 생존권을 박탈하는 폭력이 어떻게 버젓이 자행될 수 있는 것인지, 언론의 자유와 표현의 자유를 빼앗기는 현실이 그저 통탄스러울 뿐이었다.

진나라의 시황제는 자신에 대한 학자들의 비판을 막기 위해 책을 불태우는 분서갱유를 했지만, 대한민국의 대통령은 자신에 대한 비판을 막기 위해 방송을 장악하고 마이크를 빼앗는 일을 저질렀다. 나의, 아니 우리의 겨울은 그렇게 시작되었다.

2

아프리카 TV로
망명하다

KBS와 MBN에서 퇴출된 이후 나의 방송 일은 현저히 줄어들었다. 특히 공영방송인 KBS로부터 블랙에 걸렸다는 사실이 알려지면서 다른 방송들에서도 나의 출연을 기피하는 현상이 이어졌다. 모두 다 권력 눈치 보기에 들어간 것이다.

그 결과 〈대통령과의 대화〉 이후 나는 방송 3사의 토론 프로그램에 지금까지 한 번도 출연해 본 적이 없다. 그 이전까지만 해도 그렇게 나를 찾던 각 방송사들의 시사프로그램들로부터 이제는 기피 인물이 되어버렸다.

세상인심은 그런 것이었다. 이전까지 하루 5~6개의 방송 프로그램에 고정 출연을 하던 나는 하루에 라디오 방송 하나 정도를 하고 마는 처지로 전락했다. 그러면서 MB정부 아래에서의 세월을 견뎌야 했다.

마이크를 빼앗긴 방송인. 방송을 전업으로 하다시피 했던 나에게 그것은 사회적 매장과 다를 바 없었다. 방송을 통해 발언을 하는 행위는 밥그릇의 문제를 넘어, 나의 사회적 존재 의미를 찾는 행위였다. 그런데 남의 생존권을, 사회적 활동을 이런 식으로 박탈해도 되는 것인가. 나는 분노했다. 그리고 또 분노했다.

열정을 갖고 해 왔던 일을 납득할 수 없는 이유로, 그것도 타의에 의해서 할 수 없게 된 처지는 쉽게 인내하기 어려운 것이었다. 매일 아침방송을 하기 위해 새벽에 집을 나서던 사람이, 아침에 눈을 떠도 나갈 곳이 없게 된 갑작스러운 현실을 이겨내기 위해서는 스스로의 마음을 잘 다스려야 했다. 그렇지 못하면 암보다 더 무서운 마음의 병을 얻을 것 같았다.

그때 나는 선택의 기로에 섰다. 부도덕한 권력이 원하는 대로 그냥 입 닫고 주저앉아 있을 것인지, 아니면 어떻게 해서든 다시 세상을 향해 말할 길을 찾을 것인지.

고민은 오래 가지 않았다. 마이크는 빼앗겼을지언정 계속 발언하고 싶었다. 그것이 사회적 존재로서의 삶을 살아온 나의 존재 이유였기 때문이다. 나의 가슴은 아직 정의로움에 불타고 있었다.

인터넷 방송으로 눈을 돌리다

지상파 방송에서 퇴출 아닌 퇴출을 당한 뒤 내가 눈을 돌린 곳은 아프리카 TV였다. 아프리카 TV는 인터넷 개인방송을 위한 플랫폼이다. 개인방송을 하는, 그리고 그것을 시청하는 수많은 사람들이 그곳에 모여 있다.

사실 그때까지만 해도 나는 아프리카 TV에 대해 거의 알지 못했다. 2008년 촛불집회가 계속될 때 아프리카 TV를 통해 생중계가 되었다는 사실은 알고 있었지만, 막상 아프리카 TV를 시청한 적은 없었다. 그런데 갑자기 이런 생각이 들었다. 그곳에서 나도 인터넷을 통해 방송을 해 보면 어떨까?

아프리카 TV를 통해 개인방송이 편리하게 가능하다는 얘기를 듣고는 관심을 갖기 시작했다. 모니터도 해 보았다. 그리고 내린 결론은 '아프리카로 가자'였다.

그때가 2009년 1월, 그러니까 KBS에서 짤린 직후였다. 쇠뿔도 단김에 빼랬다고, 나는 곧바로 아프리카 TV에 전화를 걸고 찾아갔다. 그리고는 아프리카 TV에서 방송을 하겠으니 어떻게 하면 좋겠는지 알려달라고 했다. 그야말로 무작정 찾아가 가르쳐달라는 식이었다.

어이가 없을 법도 했건만, 다행히도 아프리카 TV에서는 지상파 방송으로 알려진 내가 찾아온 것을 크게 반겼다. 더군다나 내가 하고자 하는 방송이 시사프로그램이니 아프리카 TV의 이미지 제고에도 도움이 될 것으로 기대했던 것 같다.

하늘이 무너져도 솟아날 구멍이 있다고 했던가. 그렇게 나는 아프리카의 정글 속으로 망명을 떠났다.

물론 아프리카 TV에서 시사방송으로 자리를 잡는다는 것은 그리 만만한 일이 아니었다. 게임, 음악 등 오락 성향의 방송들이 석권하고 있는 아프리카 TV가 아니던가.

여기서 또 다른 고민이 시작되었다. 지상파를 통해 방송 활동을 하던 내가 아프리카 TV를 통해 인터넷 방송을 한다? 이 상황을 사람들은 어떻게 받아들일까? 시청률 6~7%는 나오는 프로그램들에 출연하던 내가 인터넷 방송을 시작했는데 별 반응이 없으면? 그래서 문을 닫게 되면 얼마나 쪽팔릴까?

아프리카 TV 측에서도 겁을 주었다. 인기 방송 반열에 오르려면 몇 년은 고생해야 한다고. 생각의 고민은 꼬리에 꼬리를 물었다. 하지만 체면을 생각할 때가 아니었다. 나에게는 선택의 여지가 없었다. 더 이상 뒤로 물러설 곳도 없었다. 내 등 뒤에는 떨어지면 다시는 살아서 올라올 수 없을 것 같은 낭떠러지가 있었다.

스스로 퇴로를 차단하고 승부를 걸어야 했다. 그러자 생존권마저 부당하게 박탈하는 권력의 횡포 앞에서 오히려 오기가 발동했다. 정권이 나에게서 마이크를 빼앗았지만 이가 없으면 잇몸으로라도 발언을 하겠다고 마음먹었다. 그렇게 아프리카 TV를 시작했다.

재야 방송인이 되다

방송을 시작하자 채팅창에 들어온 시청자들 가운데는 지상파에 나오던 유창선 박사가 맞느냐, 왜 여기서 방송을 하고 있느냐며 놀라는 사람들이 많았다. 그때까지만 해도 나름 이름이 알려진 사람이 아프리카 TV를 하는 것은 보기 드문 일이었다.

방송을 시작하자 반겨준 시청자들도 많았지만 결코 쉬운 과정은 아니었다. 하루하루 시청자 수가 늘어나는 것이 눈에 보이지 않았을 때는 계속 방송을 할 것인가에 대해 회의를 가졌다. 방송 초기, 지상파 방송을 하던 사람이 시청자 100명을 모아놓고 방송을 하고 있노라면, 내가 지금 뭘 하고 있나 하는 생각이 들 때도 있었다. 그러나 뜻을 갖고 시작한 일이었다. 적어도 6개월은 열심히 해 본 뒤 그 결과를 갖고 판단하자고 마음을 다잡았다.

매일같이 밤 11시면 생방송으로 시청자들을 만났다. 지상파 뉴스들이 피해가거나 축소하고 있는 많은 이슈들을 찾아내 시청자들에게 전했고, 채팅창과 전화를 통해 함께 토론했다. 밤 시간대에 어울리는 좋은 음악들을 선곡해서 시청자들에게 선물도 했다. 무엇보다도 지상파 뉴스에 실망하고 있는 많은 시청자들에게 좋은 콘텐츠를 제공하고자 열심히 방송에 몰두했다.

심야 시간에 매일같이 방송을 하려니 피곤하고 힘든 날도 많았다. 방송을 위해 몇 시간씩 앉아 있다 보면 허리가 아파왔다. 그럴 때마다 나는 MB의 얼굴을 떠올렸다. 나에게서 마이크를 빼앗아간 권력자들의 뜻대로 주저앉을 수는 없지 않은가. 우리가 결국에는 승리하는 모습을 보여야 하지 않겠는가. 나는 하루하루 아프리카 TV를 통해 MB를 상대로 싸움을 하고 있었다.

권력의 통제를 이겨낸 1인 미디어의 힘

드디어 반응이 오기 시작했다. 그 반응은 시간이 지나면서 갈수록 뜨거워졌다. 당시 천안함 침몰의 진상을 둘러싼 논란이 확산되면서 사회적으로 시사에 대한 관심이 커진 분위기였고, 이는 나의 방송에도 탄력을 붙여주었다.

매일 밤 11시만 되면 찾아주는 고정 시청자들의 수는 계속 늘어났다. 방송을 보기 위해 좋아하던 술도 끊고 집에 일찍 들어오니 가족들까지 좋아한다는 분들도 여럿 있었다. 이제 지상파 뉴스는 안 보고 나의 방송을 본다는 분도 있었고, 부부가 혹은 모자, 부녀가 함께 시청하고 있다는 분들도 적지 않았다.

그러다가 방송을 시작한 지 4개월여 만에 베스트 BJ ^{Broadcasting} ^{Jacky} 랭킹 5위에 올라섰다. 아프리카 TV에서 개인방송을 하고 있는 수많은 BJ들 가운데서 다섯 손가락에 들게 된 것이다. 몇 년은 고생해야 한다는 아프리카 TV에서, 기대를 넘어서는 초고속 성장의 성과였다.

그 과정에서 시청자들이 보여준 성원은 정말 눈물겨웠다. 매일 심야 시간대에 피곤함을 참아가며 함께해 준 많은 시청자들. 그들은 '별'과 '출첵', '스티커'를 통해 나의 랭킹이 올라가도록 힘을 실어주었고, 자발적 시청료인 '별풍선'을 매일같이 선물해 주었다. 그래서 시청자들의 자발적 시청료를 통해 뜻밖의 의미 있는 수익을 창출하는 성과도 함께 경험했다.

무엇보다 고마운 것은 방송 내용에 대한 격려였다. 정권의 눈치만 보며 민감한 의제들을 회피하고 있는 지상파 뉴스에 실망한 시청자들은 나와 함께하는 시사 이야기를 크게 반겨주었다. 그사이 시청자들의 갈증이 얼마나 큰 것이었는지를 가슴으로 느끼며 큰 책임감을 의식하게 되었다.

대안으로 시작했던 나의 아프리카 TV 방송은 이렇게 자리를 잡으며 점차 탄력을 받았다. 처음에는 '이 없으면 잇몸으로라도 한다'는 생각으로 시작했던 방송. 그런데 결과는 뜻밖이었다.

지상파 출연 봉쇄에 대한 소극적 대안 차원을 넘어 나의 아프리카 TV는 소셜미디어 시대에 부응하는 적극적인 대안으로 변화하게 되었다. 나는 아프리카 TV를 시작으로 블로그, 트위터, 페이스북 등과 같은 소셜미디어에도 본격적으로 눈을 돌렸고, 이제는 개인방송을 비롯한 SNS 세상이 '망명처'가 아닌 미래의 새로운 '근거지'가 될 것이라고 믿는 단계에 이르렀다. 게다가 소셜미디어를 통한 뜻밖의 수익 창출은 '밥줄'도 끊어지지 않게 해 주었다.

오마이뉴스 기자 만들기 강좌에서 나는 수강생들에게 이렇게 말한 적이 있다.

"처음에는 방송국 프로그램에 못 나가게 돼서 시작했던 건데, 하다 보니 이게 시대의 추세라는 것을 알게 됐다. 요즘에는 미디어 환경이 이 방향으로 가고 있다는 것을 깨닫게 해 준 이명박 대통령에게 고맙다는 생각을 할 지경이다."

MB정권이 방송 장악을 통해 나 같은 사람들의 방송 출연을 봉쇄하는 일이 없었더라면, 나는 어쩌면 그 속에 안주하며 살고 있었을지 모른다. 그냥 적당히 세상 걱정이나 하며 잘 먹고 잘 사는 방송쟁이로 남았을지 모른다. 그러나 정권의 방송 장악은 나를 온실로부터 추방시켰다. 나는 허허벌판에서 찬바람을 맞으

며 스스로를 단련시켰고, 마지막 순간까지 지켜야 할 것이 무엇
인지를 다시금 생각했다. 그래서 나에게 분노, 그리고 열정과 도
전의 소중함을 상기시켜준 그들에게, 나는 감.사.하.다.

3

빼앗긴 마이크,
SNS로 되찾다

방송사로부터 연이은 하차 통보를 받았을 때는 그야말로 눈앞이 캄캄했다. 온전한 정신으로 하루하루를 보내는 일도 힘겨웠다. 병에 걸리지 않은 게 다행이다 싶을 정도였다.

옛날 같았으면 아마 죽었을 것이다. 매일같이 새벽부터 밤늦게까지 방송을 하던 사람이 더 이상 그것을 못 하게 되었으니, 이는 사회적으로나 경제적으로나 사망 선고를 받은 것이나 다를 바 없었다.

그런데 그게 아니었다. 세상이 달라지고 있었다. 앞에서 말한 아프리카 TV뿐만이 아니었다. 때마침 SNS의 시대가 열리고 있었던 것이다. 블로그가 트위터가 그리고 페이스북이 새로운 미디어로 등장하기 시작하고 있었다.

SNS의 시대가 열리다

미국의 시사 주간지 〈타임〉은 2010년의 인물로 페이스북의 설립자이자 CEO인 주커버그Mark Zuckerberg 를 선정했다. 기존의 권위가 해체되고, 권력의 분산을 통한 분권화가 진행되고 있는 변화의 중심에 주커버그가 서 있다고 〈타임〉은 선정 이유를 밝혔다.

페이스북의 주커버그는 세계 무대의 누구보다도 이 거대한 변화의 중심에 서 있다. 매킨토시 컴퓨터가 시작된 1984년에 태어난 그는 자기 세대의 산물인 동시에 자기 세대를 만들어낸 인물이었다. 그가 발명한 소셜네트워킹 플랫폼에는 6억의 인구가 모여 있다. 하루에도 10억 개의 새로운 내용들이 페이스북에 올라온다. 그것은 거의 10번째 행성과도 같은 결합조직connective tissue 이다. 페이스북은 이제 지구에서 세 번째로 큰 국가이고, 시민들에 대해 어떤 정부보다도 많은 정보를 갖고 있다. 하버드대 중퇴자였던 주커버그는 이제 티셔츠를 입은 국가원수가 된 것이다.

— Richard Stengel, "Only Connect", 〈타임〉 2010년 12월 27일자

내가 방송에서 퇴출되어 와신상담하고 있던 지난 몇 년간, 세계에는 SNS 바람이 불었다. 그것도 강풍으로. 세계인들은 블로그와 트위터, 페이스북에 열광했고, 그 인구는 기하급수적으로

늘어갔다.

한국도 예외는 아니었다. 아니, 한국에서의 SNS 바람은 태풍과도 같이 불어닥쳤다. 한국의 트위터 이용자 수와 페이스북 이용자 수를 파악해 보면 그 바람의 세기를 알 수 있다.

현재 국내 SNS 이용자 수에 대해서는 공식적인 통계가 나오는 것이 아니기 때문에 전문 기관들의 추정치에 의존할 수밖에 없다. 국내 트위터 이용자 수의 경우는 일반적으로 오이코 랩Oikolab의 통계가 인용되는데, 2012년 5월 현재 600만 명을 넘어섰다. 한편 페이스북 이용자 수와 관련해서는 소셜베이커스socialbakers.com의 통계가 자주 인용되는데, 이에 따르면 한국의 페이스북 이용자 수는 2012년 5월 현재 700만 명을 넘은 것으로 파악되고 있다. 국내 트위터, 페이스북 인구가 모두 600만 시대를 넘어선 것이다.

국내 SNS 이용자 수는 앞으로도 계속 빠르게 상승할 것으로 전망된다. SNS 인구의 급증 현상이 기본적으로 모바일 인구의 급증과 함께 가고 있기 때문이다. 특히 스마트폰과 태블릿 PC의 보급 속에서 언제 어디서든지 SNS를 할 수 있는 환경이 되면서 그 인구는 폭발적으로 늘고 있다.

국내 스마트폰 가입자 수는 2012년 4월 현재 2,500만 명을 넘어섰고, 2012년 말까지는 3,500만 명을 넘어설 것으로 예상

되고 있다. 한국에서 SNS 이용자 수의 급증이 스마트폰 보급 이후 본격화되었듯이, 모바일 인구의 계속되는 증가 추세가 SNS 이용자 수의 증가로 귀결될 것임을 예측하기는 어렵지 않다. 그래서 전체 인구의 절반 이상이 스마트폰을 사용하는 환경이 된다면 국내 트위터 인구 1천만 시대가 현실화되는 것도 먼 얘기는 아니다.

내가 방송에서 퇴출되어 재야 방송인이 되다시피 했던 지난 몇 년의 시간은 마침 이 SNS의 시대가 열리고 있던 시기였다. 지상파 방송이라는 무대를 잃은 나에게 그것은 더할 나위 없는 기회였다. 나는 주저하지 않고 SNS의 바다로 뛰어들었고 그 속에서 수많은 독자, 그리고 시청자들과 다시 감격적으로 만날 수 있었다.

월 평균 방문자 50만, 파워 블로거가 되다

SNS 종목 가운데 내가 가장 먼저 발을 딛었던 분야는 블로그였다. 블로그는 방송 활동을 왕성하게 하던 2007년 가을에 이미 시작했었다. 당시 블로그스피어 blogsphere에 첫발을 딛고서 나는 놀라운 경험을 했다. 블로그를 시작한 지 일주일이 지났을 무렵, 내가 올린 글 하나로 하루 방문자가 60만을 넘어서는 기록을 세웠다. 당시 포털사이트 다음의 블로거 뉴스에 발행한 글이 다음 메인 화면에 배치되면서 방문자가 쇄도했던 것이다.

그 이전에도 〈오마이뉴스〉 등을 통해 인터넷 글쓰기에 익숙했었지만, 수십만의 조회 수는 새로운 경험이었다. 나는 인터넷에 이런 세상이 있구나 하는 블로그의 매력을 발견하고 그 이후에도 꾸준히 운영해 왔다.

그렇게 하다 보니 '파워블로거' 반열에 올랐고, 한때는 월 평균 방문자 수가 50만을 넘어서는 성장세를 보이기도 했다. 그 결과 2010년 말에는 한국언론진흥재단과 한국블로그산업협회가 공동으로 주는 '2010 대한민국 블로그 어워드'에서 개인 부문 대상을 받기도 했다. 지금은 포털들이 시사 블로그를 홀대하면서 나 역시 방문자 수가 줄어드는 상황을 피하지 못하고 있지만, 블로그는 예나 지금이나 가장 깊이 있는 나의 얘기를 담을 수 있는 도구이다.

블로그에 이어서 트위터와 페이스북도 운영을 시작했다. 블로그도 그러했지만 내가 트위터를 시작했던 시점도 국내에서는 아직 널리 확산되지 않은 단계였다. 남들보다 그리 빠른 선택이라고는 할 수 없지만, 그래도 SNS의 선두주자 반열에 위치할 정도는 되었다. 나는 트위터를 통해 수많은 팔로워들과 인연을 맺었고 페이스북을 통해서도 많은 친구들을 만들 수 있었다.

1인 미디어 정글을 탐험하다

나에게는 블로그, 트위터, 페이스북 같은 SNS가 단순한 소통의 수단을 넘어서는 각별한 의미를 갖고 있다. 나는 SNS가 가질 수 있는 미디어적 역할에 주목했고, SNS의 적극적 운영을 통해 1인 미디어의 영역을 개척하려는 꿈을 갖고 있었다. 이전까지는 주로 방송을 통해 시사평론 활동을 해 왔지만, 바야흐로 SNS의 시대를 맞아 SNS를 기반으로 한 시사평론이라는 실험에 나섰던 것이다.

나는 아프리카 TV－블로그－트위터－페이스북으로 연결되는 미디어 체제를 구축하고 1인 미디어를 표방하고 나섰다. 이러한 1인 미디어 실험은 많은 이들의 관심을 받으며 적지 않은 성과를 낼 수 있었다. 특히 내 경우는 SNS의 어떤 한 종목만 운영하는 것이 아니라 다양한 1인 미디어들을 동시에 운영했기 때문에 각 매체가 서로 상승효과를 낳았다. 그러다 보니 내가 운영하는 1인 미디어에는 고정적인 독자 혹은 시청자들이 형성되었다.

방송 퇴출로 인해 지상파에서 시청자들을 만나는 것은 어렵게 되었지만, 그 대신 1인 미디어를 통해 나는 그만큼의 독자와 시청자들을 만날 수 있었다. 과거 같았으면 상상도 할 수 없는 장면이었다.

나에게 있어서 아프리카 TV와 블로그는 콘텐츠를 생산하는 도구였고, 트위터와 페이스북은 콘텐츠를 생산하는 동시에 생산된 콘텐츠를 유통시키는 수단이 되었다. 이는 지금도 그러하다. 트위터와 페이스북에 내가 생산한 콘텐츠들을 링크시키면 이를 통해 많은 독자나 시청자들이 들어오곤 했다. 이것이 1인 미디어의 동시다발적 운영을 통한 윈-윈 효과였다.

상황이 이렇게 되다 보니, 여러 언론들에서 1인 미디어를 표방한 나를 취재하거나 인터뷰했다. 그때만 해도 1인 미디어라는 영역은 아직 발길이 닿지 않은 미개척 지대였기 때문이었다.

'누리는 넓고 할 일은 많다.' 요즘 시사평론가 유창선 박사의 화두다. 지상파 방송 출연과 신문·잡지 기고로 바빴던 그가 인터넷 방송 〈아프리카 TV〉에서 '유창선의 시사난타'라는 방제(방의 제목)로 새로운 쌍방향 미디어 실험에 도전하고 있다. 블로그, 트위터에 이어 1인 방송까지 '홍길동처럼 동에 번쩍, 서에 번쩍' 전방위 시사평론 작업을 펼치고 있는 것이다.
- 〈한겨레〉 2010년 4월 24일자

통신 기술이 발달하면서 트위터, 인터넷 개인방송 등 새로운 소셜미디어가 주목받고 있다. 일부 사용자들은 소셜미디어를 통해 언론 매체에 버금가는 인지도를 얻기도 했다. 유창선 씨는 현재 당시 내가 캠코더를 들고 아프리카 TV 방송 생중계를 하기 위해 집회현장 같은 곳에 나타나면 다른 카메라가 내 모습을 찍고 있는 일이 종종 있었다. 다른 언론사의 카메라에는 1인 미디어를 내걸고 방송용 와이파이 캠코더 하나 달랑 들고 나타난 내 모습이 뉴스감이었던 것이다.

지금은 서울시장이 된 박원순 변호사는 자신의 블로그에서 이런 나를 가리켜 이렇게 말하기도 했다.

"그는 이 정부가 들어선 뒤 그동안 출연하던 방송에서 다 짤리고 이제 자신의 미디어그룹(?)을 가꾸기 시작했습니다… 매달 40만 명이 넘는 누리꾼들이 유창선 씨의 블로그를 방문한답니다… 인생은 이렇게 새옹지마입니다. 위기가 기회라는 말도 이런 일을 두고 하는 말이겠지요."

SNS를 기반으로 한 1인 미디어 세계를 개척하고 난 열매는 달았다. 물론 그 과정은 매우 썼다. 트위터면 트위터, 페이스북이면 페이스북, 여러 SNS 가운데 어느 하나를 운영하는 것이야 그리 힘들 것이 없겠지만, 내 경우는 아프리카 TV-블로그-트위터 – 페이스북을 동시에 유기적으로 운영하려니 여간 힘든 일이 아니었다.

1인 미디어를 만들기 위한 싸움은 종종 체력과의 싸움이 되곤 했다. 가장 시간에 쫓겼던 2010년의 경우는 아프리카 TV 방송을 끝내고 새벽 2시께야 잠들었다가 아침방송을 위해 새벽 6시면 일어나야 하는 생활을 1년 동안 하기도 했다. 매일같이 밤 11시면 아프리카 TV 방송을 하고 이것저것 정리하고 나면 그 시간 정도 되어야 잠을 잘 수 있었다. 항상 잠의 모자람과 피곤에 쫓기는 생활이 반복되었다. 그래도 당시 육체적 어려움을 이겨내며 나를 다잡곤 했던 것은 1인 미디어의 최전선에 서서 조중동으로 대표되는 올드미디어를 이겨내겠다는 투지였다.

그렇게 SNS 덕분에 나는 지상파 방송에서 퇴출되었어도 세상에서 잊혀진 존재가 되는 것을 피할 수 있었다. 방송에서 사라지고 시간이 흘렀어도 세상은 나를 잊지 않고 있었다. 세상의 많은 사람들은 전과 다름없이 내가 무엇을 하고 있는지 나를 지켜보고 있었던 것이다.

세상이 달라졌음을 나는 실감할 수 있었다. SNS의 새 세상이 열린 것이다. 나 같은 사람을 시청자들로부터 격리시키려던 권력의 시도는 실패한 것이다. 나는 그들의 무모한 폭력을 견디어냈다. 그리고 이겨냈다.

Part 2

우리는 왜
나꼼수에 열광했던가

"쫄지마. 씨바." 사람들이 욕을 입에 담기 시작했다. 평소에 욕을 잘하던 욕쟁이들이 그런 것이 아니었다. 정치를 잘 모르던, 하지만 무엇인가 잘못되었다고 생각하는 사람들이 어느 날 갑자기 그런 험한 말을 입에 담기 시작한 것이다. 그러면서 '가카'를 조롱하고 야유하는 나꼼수에 열광했고 함께 가카의 '빅엿'을 말했다. 아주 통쾌하게.

1

들도 보도 못했던
쎈 놈이 나타났다

한국의 SNS 현상을 설명하는 데 있어서 빠뜨릴 수 없는 것이 나꼼수 현상이다. 나꼼수가 사용한 팟캐스트 방식의 방송 역시 SNS 시대의 새로운 미디어라 할 수 있는 것이었고, 나꼼수의 인기에는 SNS를 통한 입소문과 응원이 한몫했기 때문이다.

'나꼼수'가 시작된 것은 2011년 4월 27일. 〈딴지일보〉 김어준 총수, 〈시사IN〉 주진우 기자, 정봉주 전 의원, 김용민 시사평론가, 이렇게 저마다의 개성을 가진 4인이 의기투합하여 서울 마포의 한 허름한 스튜디오에서 시작했던 것이 팟캐스트 방송 나꼼수였다.

작가도 대본도 없이, 제작비도 거의 들이지 않고 시작했던 이 방송은 몇 달 만에 회당 다운로드 200만 건 이상을 기록하며 세계에서 팟캐스트 정치 분야 1위로 등극하는 기염을 토하게 된다. 나꼼수 측이 추산하고 있는 청취자 수는 600만 명가량이라고 하니, 이는 기존 지상파 방송의 시청률이나 청취율과 비교해 볼 때 놀라운 기록이 아닐 수 없다.

혜성처럼 등장한 중년 아이돌

박원순 후보가 당선되었던 10·26 서울시장 보선 때 가장 영향력이 컸던 미디어가 KBS도 MBC도 아닌, 나꼼수였다는 것은 조금도 과장된 얘기가 아니다. 급기야 나꼼수의 인기는 〈뉴욕 타임즈〉, 〈인터내셔널 헤럴드 트리뷴〉 등 해외 언론의 1면을 장식하며 세계적으로도 인정받았다.

나꼼수 4인방은 나꼼수의 선풍적인 인기와 함께 연예인을 능가하는 인기를 누리게 되었다. 이들이 출연하는 토크 콘서트의 티켓은 순식간에 매진되었고, 이들이 펴내는 책은 나오는 대로 서점가의 베스트셀러가 되곤 했다. 주진우의《주기자》, 김어준의《닥치고 정치》, 정봉주의《달려라 정봉주》모두 베스트셀러가 되었다. 김용민의 경우 이전까지는 그다지 팔리지 않던《조국 현상을 말하다》라는 저서가 나꼼수 열풍이 불어닥친 이후 순식간에 수십 쇄를 거듭하며 베스트셀러가 되기도 했다.

사인을 받으려고 늘어선 팬들의 모습을 보노라면 연예인 부럽지 않은 이들의 인기를 실감할 수 있었다. 대통령을 욕하면서도 폭발적인 인기를 누리는 중년 아이돌이 탄생한 것이다.

과연 어떻게 이런 현상이 가능했던 것일까.

결론부터 얘기하자면 대통령이, 아니 부도덕한 권력자들이 그만큼 싫었던 것이다. 그런데 아무도 그 얘기를 하지 않아 속이 터지고 답답하던 차에 나꼼수가 속 시원히 가카에게 빅엿을 먹인 것이다. 어찌 속이 후련하지 않았겠는가. 무엇보다 나꼼수는 우리의 가슴속에 자리하고 있던 불만과 분노의 기름에다 그어댄 성냥불이었다.

분노한 시민들의 정치적 카타르시스

MB가 대통령이 된 이래 정말 우울한 일들이 많았다. MB는 천성적으로 민주주의를 좋아하지 않았다. 건설회사 사장 출신인 그는, 말이 많고 시끄러운 민주주의 방식을 골치 아프고 비효율적인 것이라고 생각했던 것이 틀림없다. 그래서 MB는 집권 기간 내내 민주주의를 후퇴시키는 정책을 밀어붙였다. 자신의 입은 풀고 다른 사람들의 입은 막으려 했다.

미네르바가 구속된 것도, 나꼼수 멤버였던 정봉주 전 의원이 수감된 것도 결국은 표현의 자유를 억압하고 통제하는 MB정권의 퇴행적 통치가 낳은 결과였다. 낙하산 사장들로 공영방송을 장악하고 정부 정책을 비판할 소지가 있는 사람들을 방송에 나오지 못하도록 한 것도 국민의 입을 막으려는 기도였다. 임기 내내 방송 장악 논란이 빚어졌건만, 가카는 눈 하나 깜짝 안 하고 임기 말을 버티고 있다.

본래 MB는 자기 말만 하는 것을 좋아했지 다른 사람들의 말을 귀담아듣는 스타일이 아니었던 것 같다. 그는 임기 내내 KBS 라디오를 통해 라디오 주례 연설을 했다. 별 내용도 없고 재미도 없어서 듣는 사람도 없었지만, 그는 계속했다. 다른 사람들이야 듣든 말든, 라디오에 나와 혼자 실컷 떠들고 사라지는 방식을 그는 좋아했다.

대신 질문 받거나 토론하는 것을 싫어했다. 그의 임기 내내 청와대에서 있었던 기자회견은 기자들의 질문을 받지 않는 방식으로 대부분 진행되었다. 노무현 대통령 시절 기자들과 토론하다시피 했던 장면과는 대비되는 모습이었다.

MB는 소통을 귀찮아했고 불편해했다. 그런데 MB는 촛불시위를 목도하고 난 2008년 6월 19일 대국민담화를 통해 다음과 같은 약속을 한 적이 있었다.

그러나 그것은 새빨간 거짓말이었다. 촛불시위가 지나고 난 이후 지금까지 MB는 어떠한 소통의 노력도 기울이지 않았다. 여야, 그리고 보수, 진보를 막론하고 그가 소통할 줄 모르는 불통의 대통령이라는 데에는 한목소리일 지경이다.

하지만 아무리 입을 막아도 언제까지나 국민을 억누르고 있을 수는 없는 법. 전두환도 두 손 들었는데, MB가 무슨 수로 마냥 버틸 재간이 있겠는가.

시민들은 2011년 4·26 재보선과 10·26 서울시장 보선을 통해 정권으로부터 등 돌린 민심을 보여주었다. 그리고 나꼼수와 함께 그동안 쌓여 있던 분노를 "쫄지마!"를 외치며 분출시키기 시작했다.

정권에게 분노한, 그러나 그동안은 개인으로 무력하게 흩어져 있던 시민들에게 나꼼수는 연대를 확인하며 자신감을 되찾는 고리였다. 그들은 나꼼수를 함께 들으며, 나꼼수 뒷담화를 나누며, 그리고 나꼼수 콘서트에 참석하며 자신들이 같은 울분을 갖고 같은 시대를 살고 있음을 가슴으로 깨달았다.

이처럼 나꼼수 열풍에는 나꼼수를 들으면서 정치적 카타르시스를 맛보려는 청취자들의 욕구가 자리하고 있었다. 분노한 시민들의 정치적 성감대를 나꼼수가 건드린 것이다.

미디어 환경의 변화가 탄생시킨 나꼼수

국민들의 정치적 분노는 과거에도 있었다. 박정희 때도, 전두환 때도, 노태우 때도 있었다. 그러나 그 시절에는 나꼼수가 없었다. 아니, 있을 수가 없었다. 그때는 분노가 솟구치면 최루탄 맞아가며 집회나 시위에 참여하는 방식으로 자신의 의사를 표현했다. 그 시절과 비교해 보면 나꼼수를 통한 분노의 표출은 방식이 달라진 것이다.

이는 새로운 미디어의 등장이 있었기에 가능한 일이었다. 나꼼수 열풍에는 대중들의 분노라는 정치사회적 맥락 이외에도 미디어 환경의 변화라는 배경이 자리하고 있다.

시민들은 권력에 대한 불만을 쌓아가고 있었지만 기존의 주류 언론, 즉 올드미디어들은 그것을 제대로 반영하지 않고 있었다. 조중동으로 대표되는 보수 언론, 그리고 정권의 눈치만 살피는 KBS, MBC 같은 공영방송들, 게다가 최근에는 종편채널들까지

가세하여 민심을 왜곡시키고 있었다.

시민들은 자신들의 생각을 제대로 반영하지 못하는 이들 올드 미디어 대신 자신들의 미디어를 찾아나섰다. 물론 여러 진보 언론들도 존재하고 있지만, 이들의 정제된 언어 역시 시민들의 격한 분노를 생생하게 전달할 수는 없었다.

그런 점에서 보았을 때 나꼼수 현상은 새로운 미디어에 대한 시민들의 갈구가 SNS 시대의 개막과 맞물리면서 일어난 사건이었다. 나꼼수의 뒤에는 하루가 다르게 급변하고 있는 미디어 환경의 변화가 자리하고 있었다. KBS나 MBC 같은 거대 방송사가 만든 것도 아니고, 불과 4명의 개인이 의기투합해서 만든 방송인데도 수백만의 청취자를 확보하며 주목받게 된 것은 모바일 혁명이 있었기에 가능한 일이었다.

국내 스마트폰 인구가 2천만을 넘어선 모바일 시대. 이제 사람들은 자신이 듣고 싶은 방송 파일을 팟캐스트에서 다운로드 받아 스마트폰이나 태블릿 PC에 담아 갖고 다니면서 언제 어디서나 들을 수 있다. '내 손 안의 방송'인 셈이다.

또한 나꼼수의 인기가 확산되는 과정에는 SNS를 통한 입소문이 큰 역할을 했다는 점도 간과할 수 없다. 나꼼수 새 방송분이 팟캐스트에 올라오는 날이면 트위터나 페이스북 같은 SNS에서는 이에 관한 얘기들이 줄을 잇는다. 이번 회에는 어떤 어떤 내용이 들어간다든가, 이번 방송은 어떠했다든가 하는 얘기들을 SNS 이용자들은 주고받는다. 이는 〈나가수〉가 방송되기 직전에도 보기 어려운 풍경이었을 것이다.

나꼼수 마니아들은 SNS를 통해 나꼼수에 대한 지속적인 관심을 고취시켰고, 나꼼수를 모르던 사람들조차도 점차 나꼼수에 대한 호기심에 젖어드는 현상이 전개되었다. 이러한 과정을 거쳐 결국 나꼼수는 SNS를 평정하다시피 했고, 이는 나꼼수의 청취자를 수백만으로 늘리는 데 결정적인 기여를 하게 된다. SNS에서의 나꼼수 열기는 너도 나도 나꼼수를 듣게 되는 현상을 낳은 것이다.

결국 나꼼수 현상은 모바일 혁명과 SNS의 급성장이라는 미디어 지각변동의 산물이라 할 수 있다. 나꼼수의 내용에 대한 찬반과는 상관없이 이 새로운 방식에 대한 반향의 사회적 의미를 우리는 꼼꼼히 읽을 필요가 있다.

인정하고 싶든 아니든, 나꼼수는 이미 우리 시대의 대안 미디어로 우뚝 서 있다. 아직도 그런 것이 무슨 미디어냐고 할 사람들이 여전히 있을 것이다. 눈앞에 현실로 존재하는 것도 믿으려 하지 않는 사람들이다. 그러나 나꼼수가 충분히 미디어일 수 있는 것이 오늘의 세상이다.

나꼼수는 기성 미디어들이 하지 못했던, 그래서 수용자들이 갈구했던 새로운 콘텐츠를 새로운 방식으로 제공하는 대안 미디어로서의 역할을 하고 있다. "가카는 절대로 그럴 분이 아닙니다"를 청취자들과 함께 외치며.

2

그들은 대단히 편파적이다

　나꼼수가 선풍적인 인기를 누리기 시작하자 그동안 이를 무시해 왔던 보수 신문들이 들고 있어났다. 나꼼수를 미디어로 간주하지도 않고 무시했던 매체들이 나꼼수의 영향력이 커지자 공격을 하고 나선 것이다. 대략 나꼼수가 맹위를 떨쳤던 2011년 10·26 서울시장 보궐선거를 전후한 시점이었다.

나꼼수는 한나라당 지지층의 화병을 돋우기로 작심한 방송이다. 진행자 네 명이 초대 손님과 함께 이명박 대통령과 한나라당을 조롱거리로 삼는다.
정식 방송이 아니기 때문에 방송통신규제를 신경 쓸 필요도 없고, 언론에 요구되는 공정성은 아예 고려 대상이 아니다. 나꼼수는 이 정권이 만든 정치·경제·사회적 토양 위에서 자라난 기생적 존재다.

– 박두식, 나꼼수를 통해 드러난 좌파의 수준, 〈조선일보〉 2011년 11월 2일자

나꼼수에서 김어준 총수가 '씨바' 소리 하는 것만큼이나 도발적이다. 나꼼수의 천적쯤 된다고 할 수 있는 〈조선일보〉는 '기생적 존재' 운운하며 나꼼수뿐 아니라 '좌파의 수준'까지 비하하고 나섰다.

나꼼수에 대한 공격은 다른 보수 언론에서도 빈번하게 등장했다. 편파적이라는 것이다. 2011년 10월 〈중앙일보〉의 보도는 편파 중계보다 더 편파적이라며 나꼼수를 야유하고 있다.

대통령 사저 문제를 보도한 '나는꼼수다(나꼼수)'라는 팟캐스트가 뜨고 있다. 나꼼수가 알려진 건 사저 보도 때문만이 아니다. 편파 중계보다 더 편파적인 정치적 의견을 드러내기 때문이다. 대통령과 집권당을 조롱하며 정치를 개그로 만든다. 정치에 관심이 없었던 사람도 낄낄거리게 되고, 듣다 보면 편향된 그들의 정치 인식을 받아들이게 된다.

– 김진국, 편파가 박수 받는 세상, 〈중앙일보〉 2011년 10월 20일자

편파 방송의 진수를 보여주다

그런데 나꼼수가 편파적인지, 그리고 편파적이면 안 되는 것인지를 논하기 이전에 짚고 가야 할 문제가 있다. 이들 조중동이 과연 그런 소리를 할 자격이 있느냐는 것이다.

조중동이 과연 '좌파의 수준'을 운운하고 편파적이고·편향됨을 비판할 자격이 있느냐는 질문을 나는 던지지 않을 수 없다. '수준'과 '편파성'으로 따지자면 그들을 당해낼 자가 없기 때문이다.

조중동은 줄곧 '아니면 말고' 식의 기사로 진보를 공격해 왔다. 그것은 사실에 근거한 논리적 비판이 아니라, 사실을 왜곡한 채 독자들에게 자신들의 가치를 주입하는 정치적 선동이었다. 수준으로 말하자면 사실에 기초해야 한다는 언론으로서의 기본을 망각한 조중동이야말로 수준 이하의 언론이었다.

또한 나꼼수가 편파적이라는 비판만 해도 그렇다. 편파적이기로 치면 어디 조중동만 한 매체가 또 있을까. 그들은 항상 보수의 편에 서서 진보를 음해해 왔다. 이명박 정권의 편에 서서 그 비판 세력을 공격해 왔다. 그것은 대단히 불공정한 방식으로 이루어졌다. 매우 편파적이었다.

그렇게 편파적이었던 조중동이 나꼼수가 편파적이라고 나무란다. 소가 웃을 일이다. 다른 사람들은 모르겠지만, 적어도 조중동은 나꼼수의 수준을 말하고 편파성을 말할 처지가 되지 못한다.

나는 나꼼수가 편파적이지 않다는 주장을 하려고 이 얘기를 하는 것이 아니다. 그 정반대의 얘기를 하려 한다.

나꼼수는 편파적이다. 그것도 매우 편파적이다. 그런데 나는 나꼼수가 편파적이라는 데 대해 이의를 제기할 생각이 없다. 실제로 그렇지 않은가. 나꼼수 4인방은 늘 가카를 조롱하고 야유한다. 가카에게 빅엿을 실컷 먹이고 나서는 끝에 가서야 "가카는 절대 그럴 분이 아닙니다"라며 발을 뺀다. 아마 가카가 듣는다면 그게 더 얄밉고 화가 날 법하다. 그러고도 나꼼수가 편파적이지 않다면 말이 되지 않는 궤변이다.

그런데, 그런데 말이다. 우리 여기서 한번 곰곰이 생각해 보자. 나꼼수는 편파적이면 안 되는 건가. 나꼼수가 편파적이지 않아야 할 이유는 도대체 무엇인가.

나는 오늘날 모든 미디어가 편파적이면 안 되고 중립적이거나 공정해야 한다는 주장을 거부한다. 그것은 과거 시대에나 통용되었던 낡은 이데올로기이다. 이제는 안 그래도 된다.

오늘과 같은 SNS 시대에는 모든 미디어나 매체가 다 중립적일 필요가 없다. SNS 시대의 미디어가 어디 수백 수천 개인가. 수백만 개의 미디어가 블로그, 트위터, 페이스북, 개인방송 등을 통해 콘텐츠를 생산해 내고 있다. 말 그대로 1인 미디어의 시대이다. SNS 가운데 어느 하나를 기반으로 해서 자신의 발언을 하면 그것이 1인 미디어가 되는 세상이다.

그런데 그 수백만 개의 미디어가 모두 하나같이 중립적이어야 할 이유는 무엇인가. 그렇게 해서 모두가 다 비슷한 얘기를 할 것이면 무엇 하러 저미다 각자의 미디어를 만들겠는가.

굳이 수백만의 개인이 혹은 팀이 자기의 미디어를 만들려는 것은 각자의 개성과 색깔 혹은 가치가 들어 있는 콘텐츠를 만들려 하기 때문이다. 다들 폼 잡고 같은 소리들을 하려면 미디어는 그냥 몇 개만 있으면 된다. 오늘과 같은 SNS 시대에는 중립적인 미디어보다는 자기의 목소리를 내는 다양한 미디어들이 필요하고, 편파적인 미디어들도 필요한 것이다.

SNS 미디어들은 편파적이어도 된다

나꼼수가 어느 한쪽으로 편파적인 방송을 만들었다면, 그것이 못마땅한 사람들은 다른 한쪽으로 편파적인 방송을 만들면 된다. 그러면서 미디어들 간의 균형이 이루어지는 것이고 사회적 조화가 가능해 지는 것이다.

이미 우리는 많은 편파적인 미디어들을 보고 있다. 조중동이 그러하고, MB의 뜻을 받드는 KBS나 MBC 같은 공영방송들도 그러하다. 조중동이 만든 종편채널은 태생적으로 권언유착權言癒着 속에 만들어졌으니 두말할 나위도 없다. 몇몇 진보적 미디어들이 있기는 하지만, 시장점유율을 놓고 보면 이미 보수 쪽으로 무게가 실려 있는 불균형 현상이 초래되고 있다. 그렇다면 진보 혹은 반MB 성향의 편파적인 미디어들은 더 많이 나와도 괜찮다. 그런 미디어들이 더 많이 있어야 미디어 생태계가 전체적인 균형을 이룰 수 있다.

물론 공영방송 정도라면 얘기는 다르다. 다양한 생각과 가치를 가진 시청자들을 대상으로 하고 그들에 대한 공적 책임을 갖고 있는 방송은 공정성을 견지해야 한다. 그런 방송이 정치적 편파성을 띠고 보수든 진보든 한쪽 주장만 전달한다면 그와 생각이 다른 시청자들은 반발할 수밖에 없다. 따라서 KBS나 MBC 같은 공영방송들은 다양한 시청자층을 껴안을 수 있는 방송을 해야 한다.

정부로부터 각종 지원을 받으며 출범한 종편채널 같은 경우도 마찬가지이다. 그들이 민간 자본으로 만들어진 방송사라고는 하지만, 종편채널 역시 다양한 여론을 반영하는 방송이 되어야 한다. 조중동이 모태가 된 종편채널의 편파 방송을 비판하는 이유가 그것이다.

그러나 나꼼수는 다르다. SNS 시대가 낳은 수많은 미디어 가운데 하나인 나꼼수는 그러한 중립성 혹은 공정성의 책임을 굳이 져야 할 이유가 없다.

나꼼수는 애당초 균형 있는 보도라든가 공정한 논평을 위해 만든 방송이 아니다. 그저 뜻을 같이하는 몇 사람이 모여 자신들이 생각하는 바를, 자신들의 주장을 많은 청취자들과 공유하기 위해 만든 방송이다. 처음부터 가카가 하는 짓이 마음에 들지 않아 그것을 후련하게 까기 위해 만든 방송이다. 거기다 대고 편파적이지 않느냐며 점잖게 훈계하는 것은 번지수를 잘못 찾은 뻘짓이다. 나꼼수 4인방이 어째서 여당과 야당 사이에서, 보수와 진보 사이에서, 아니 가카와 국민 사이에서 중립을 지켜야 하는가. 그냥 자기들 생각대로 말하고 떠들면 되는 것이다.

나꼼수 같은 방송은 자신들과 생각이 다른 사람들을 의식하고 배려할 이유도 없다. 나꼼수의 내용이 마음에 들지 않는 사람은 안 들으면 그만이다. 원하는 사람만 듣게 되어 있는 것이 팟캐스트 방송이다. 팟캐스트에 일부러 들어가서 다운로드 받지 않으면 나꼼수를 들을 일이 없다. 그냥 좋아하는 사람들끼리 들으면 되는 일이다. 그러니 구태여 〈조선일보〉나 〈중앙일보〉에게까지 마음에 들 방송을 만들 책임은 없다. 자기들이 언제 나꼼수 방송에 스튜디오라도 한 번 빌려준 적이 있는가. 그들은 나꼼수의 공정성을 요구할 권리가 없다.

이것은 나꼼수에만 한정되는 얘기가 아니다. SNS 시대에 등장하고 있는 수많은 미디어 모두에게 해당되는 얘기이다. SNS 미디어들은 저마다 자유로운 목소리를 내면 된다. 자기가 무슨 주장을 하든, 그것은 각자의 소신이고 권리이다. 누구도 거기에 절대적인 잣대를 들이대며 특정한 논리를 강요해서는 안 된다.

이는 결국 표현의 자유라는 차원에서 바라볼 문제이다. 나꼼수의 내용이 편파적이더라도 그것은 표현의 자유라는 차원에서 존중되고 보호받아야 한다. 요즘 세상에 가카만 깐다고 해서 문제가 될 이유가 무엇인가. 가카를 찬미하는 미디어가 보호받듯이, 가카를 까대는 미디어도 당당하게 존중받을 이유가 있다. 그것이 곧 표현의 자유이다.

조중동은 나꼼수의 편파성을 논하고 있을 시간에, 어째서 수백만의 청취자들이 나꼼수에 열광하고 있는지를 깊이 생각해 보는 것이 훨씬 유익할 것이다. 이런 나의 말에 동의하지 않는 자들에게는 김어준 총수의 말이 제격이다. "그러면 너희들도 하나 만들어! 씨바!"

선거판을 뒤흔든 나꼼수의 힘

"지금 막 나는 꼼수다 녹음을 마치고 나왔다." (한명숙)

"나꼼수 녹음 갔더니 정봉주 전 의원 등신대 사진을 앉혀놓고 진행해요." (문성근)

"조금 전 나꼼수팀과 녹음 마치고 돌아왔습니다. 지하녹음실에서 취조당하고 왔슴다. ㅋㅋㅋ" (박영선)

지난 2012년 1·15 민주통합당 지도부 경선에 출마한 3인이 나꼼수에 출연하고 트위터에 올린 소감이다. 경선을 앞두고 같이 출연한 이들은 나꼼수 출연 사실을 널리 알리기 위해 일제히 자신의 트위터에 그 얘기를 올렸다.

이와는 반대로 섭외를 받지 못한 다른 후보들은 왜 나는 뺐냐고 나꼼수 측에 항의했다는 후문이다. 야당의 전당대회에 출마한 후보들이 이처럼 나꼼수 출연에 신경을 곤두세우는 새로운 풍경은 나꼼수의 영향력이 그만큼 커졌음을 말해 준다.

박원순 시장 탄생의 일등 공신은 나꼼수

이미 많은 거물급 인사들이 나꼼수를 거쳐갔다. 문재인 노무현재단 이사장, 이정희 통합진보당 전 대표, 홍준표 전 한나라당 대표 등이 나꼼수에 출연하여 대담을 했다. 가카를 까대는 방송에 집권 여당의 대표까지 출연해서 자기 깔대기를 해 대는 상황이 된 것이다. 정치인들이 나꼼수 출연에 이처럼 적극적으로 나서는 것은 나꼼수의 영향력이 여러 가지로 입증되었기 때문이다.

우선 서울시장 보궐선거 애기부터 해 보자.

2011년 10·26 서울시장 보궐선거에서 박원순 시장을 탄생시킨 공신이 셋 있었으니, 안철수와 SNS, 그리고 나꼼수가 그들이다. 안철수와 SNS의 역할에 대해서는 이 책의 뒷부분에서 자세히 애기할 기회가 있을 것이고, 여기서는 나꼼수의 역할에 대해 말해 보기로 하자.

혜성처럼 등장한 나꼼수가 어떻게 박원순 후보 당선의 공신 역할을 했단 말인가. 우선 나꼼수는 올드미디어들이 덮어주던 이슈들을 선거전의 대형 이슈로 부상시켰다. MB와 관련된 내곡동 사저 부지 매입 논란, 나경원 한나라당 후보의 '1억 원 피부클리닉 출입 의혹'이 바로 나꼼수를 통해 터졌다. 내곡동 사저 논란은 주진우 기자의 입을 통해 불이 지펴졌는데, MB정권의 도덕성에 큰 타격을 가하는 민감한 이슈였다.

급기야 나꼼수는 선거일 직전인 10월 24일, 나꼼수 25회를 통해 찬송가 패러디 '내곡동 가까이'를 선보인다. 청취자들은 이 '내곡동 가까이'를 함께 부르며 MB정권을 야유했다.

내곡동 일대를 사려 함은 십자가 짐 같은 그린벨트.
내 인생 소원은 재테크하면서 재벌이 되기를 원합니다.
아멘.

그런가 하면 나경원 후보가 강남에 있는 연회비 1억 원의 호화 피부클리닉에 다닌다는 내용이 방송을 통해 나가면서 '나경원 피부클리닉'이 순식간에 포털 검색어 1위에 오르는 상황이 촉발되었다. 야권은 이를 정치적 쟁점으로 부상시켰고, 여러 해명과 부인에도 불구하고 나 후보에게는 '귀족 후보'라는 꼬리표가 붙게 되었다. 당시 박 후보를 맹추격하던 나 후보에게는 시민들의 정서를 자극하는 치명적인 악재였다.

그런가 하면 정봉주 전 의원은 나꼼수를 통해 '나경원 부친 사학재단 감사 배제 청탁설'을 폭로했다. 그는 "나경원 후보가 초선의원이던 2005년, 사립학교법 개정 작업이 진행 중일 당시 국회 교과위 위원이던 자신을 찾아와 아버지 소유의 학교가 교육부의 감사 대상에 들어가지 않게 해 달라는 부탁을 했다"고 밝혔다. 이 폭로의 진위 여부 역시 선거전의 쟁점으로 부상했다. 10·26 서울시장 보선에서의 주요 정치 쟁점들이 야당이 아닌 나꼼수에 의해 터져나온 것이다.

이는 나꼼수 4인방의 취재력과 정보력에 힘입은 바 크지만, 나꼼수라는 팟캐스트 방송의 홍보와 유통이 트위터나 페이스북 같은 SNS를 통해 연계되어 이루어졌기 때문에 가능한 일이었다. 즉, 나꼼수가 이슈를 던지면 수많은 SNS 이용자들이 이를 전파하는 연계 구도의 결과였다. SNS 시대에는 블로그나 인터넷방송이 콘텐츠를 생산하고 트위터나 페이스북이 콘텐츠의 유통을 담당한다는 이론이 현실로 입증된 셈이다.

주목할 것은 이들 이슈 모두 선거를 앞두고 KBS, MBC 뉴스 등에서는 축소 보도를 했다는 사실이다. 그럼에도 나꼼수가 폭로하고 그 내용이 SNS를 통해 전파되는 구조에 따라 이들 사안은 선거 막판에 최대 이슈로 부상할 수 있었다. 나꼼수가 영향력 면에서 지상파 메인 뉴스를 누르게 되었음을 보여주는 장면이었다. 선거 기간 동안 여론에 가장 영향을 준 미디어는 KBS도 MBC도 아닌, 달랑 4인이 만든 나꼼수였던 것이다.

나꼼수 4인방의 활동은 단지 방송을 통한 이슈 제기에만 그치지 않았다. 선거일 직전에 열린 박원순 야권 단일 후보의 대규모 유세에도 함께 참여하여 오프라인에서의 선거 지원까지 나섰다. 이들이 참여한 유세장 주변에서는 "박원순!"이라는 연호보다 나꼼수와 관련된 연호가 더 많이 나올 지경이었다.

SNS가 낳은 혁명적 변화의 상징

나꼼수라는 이름은 이제 아주 넓게 대중화되었다. 그들은 한국 정치를 엄숙하게 설교하거나 훈계하지 않았다. 그들은 때로는 자기 깔때기를 해 대며, 때로는 씨바 하고 욕을 해 대며 청중들을 열광시키는 신종 인기 스타들이었다.

나꼼수 4인방이 서버 비용 마련을 위해 전국을 돌며 개최한 나꼼수 콘서트는 가는 곳마다 매진 사태를 빚었다. 요즘 같은 불황기에 팬들은 몇 만 원씩 하는 티켓을 사가며 이들과의 연대를 확인했던 것이다. 2011년 11월 30일, 영하의 추운 겨울밤 서울 여의도공원에서 열렸던 나꼼수 공연에는 3만 명가량의 청중이 모여, 즉석에서 3억 41만 원의 자발적인 관람료를 모아내는 기록을 세워 화제가 되기도 했다.

흥미로운 현상은 나꼼수를 팟캐스트에서 다운로드 받아 듣고 공연에까지 참여하는 사람들 가운데 상당수가, 이전까지는 정치에는 무관심한 사람이었다는 사실이다. 정치에 별 관심이 없었던 사람들이 나꼼수를 들으며 정치적 견해를 갖기 시작했다는 증언들도 곳곳에서 나온다. 흔히 생각하듯이 골수 야당 지지자들이 자기들끼리의 잔치를 벌이고 있는 것이 아니라는 얘기이다.

나꼼수가 이렇게 대중 속으로 뿌리내릴 수 있었던 데는 정치라는 무거운 영역의 문제를 대단히 재미있는 방식으로 접근했다는 점이 주효했다. 그들은 사전에 짜여진 대본도 없이, 따라서 격식 같은 것에 구애받지 않고 하고 싶은 얘기들을 거침없이 해댔다.

또한 나꼼수가 발표한 '나꼼수 캐롤송'들은 이들의 신랄한 풍자를 잘 전해준다. 이 전대미문의 캐롤송을 들으며 어찌 웃지 않을 수 있겠는가. 특히 대표적인 캐롤송 '울면 안돼!'를 패러디한 '쫄면 안돼!'는 아마 가카가 들었어도 웃음을 참지 못하지 않았을까.

쫄면 안 돼

쫄면 안 돼, 쫄면 안 돼!
가카 할아버지는 쪼는 애들에게 빅~엿을 안겨주신대

가카 할아버지는 알고 계신대,
누가 쪼는 앤지 안 쫀 앤지, 오늘 밤에 잡아가신대

댓글 달 때 블로그 할 때, 트윗 할 때 페북 할 때도,
가카 할아버지는 모든 것을 알고 계신대

쫄면 안 돼, 쫄면 안 돼!
가카 할아버지는 쪼는 애들에게 빅~엿을 안겨주신대

댓글 달 때 블로그 할 때, 트윗 할 때 페북 할 때도,
가카 할아버지는 모든 것을 알고 계신대

가카 할아버지는 알고 계신대,
누가 쪼는 앤지 안 쫀 앤지, 오늘 밤에 잡아가신대
오늘 밤에 잡아가신대~

방송의 가장 큰 힘은 청취자가 많은 것이다. 일단 방송은 들어주는 사람이 많아야 할 맛이 난다. 그런 점에서 나꼼수는 정말 할 맛 나는 방송이다.

한 여론조사에 따르면 2011년 10월 18일 현재 나꼼수 청취 경험이 있는 사람은 15.4%로, 일반 유권자 가운데 600만 명가량이 이 방송을 한 번 이상 들어본 것으로 나타났다. 여론조사 전문기관 리얼미터가 나꼼수에 대한 인지도를 조사한 결과, '방송은 못 들었지만 그런 방송이 있는지는 뉴스를 통해 알고 있었다'는 응답자는 44.0%, '방송을 들어본 적도 있고 잘 알고 있다'는 응답자는 15.4%로 나타났다. 10명 중 6명이 '나는 꼼수다' 방송을 인지하고 있는 것이다. 이는 2011년 10월에 실시한 조사이니 지금은 청취 경험자가 훨씬 늘어났을 것으로 추정된다. 아마도 1천만 명가량은 되지 않을까.

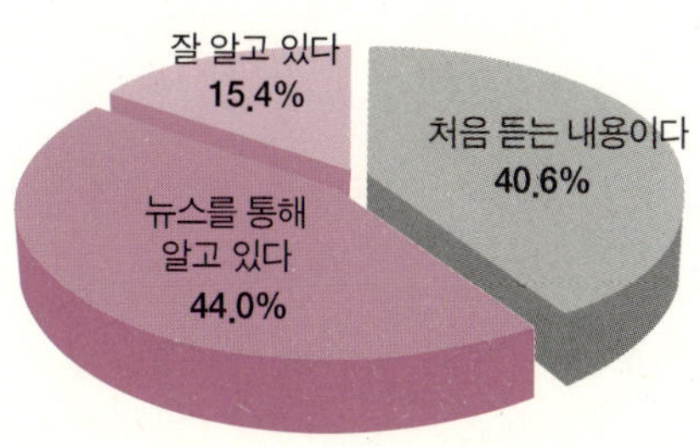

| 나꼼수 청취 경험 | (자료 : 리얼미터)

아무튼 대단한 숫자이다. 나꼼수는 거실에서 소파에 편하게 누워 리모콘 누르다가 듣게 되는 것이 아니다. 일부러 팟캐스트에 들어가서 다운로드까지 받아야 들을 수 있는 방송이다. 그런 방송이 청취자 수에서 종편채널 따위야 상대도 안 되고, 지상파마저 능가하는 기록을 세우고 있으니 어찌 대단하지 않은가.

나꼼수 현상은 SNS 시대가 낳은 혁명적인 미디어 생태계 변화의 상징이다. 과거와는 전혀 다른 개념의 미디어들이 우리 앞에 등장하고 있는 것이다. 이제 제2, 제3의 나꼼수, 아니 수많은 나꼼수들이 우리 앞에 펼쳐지게 될 것이다.

4

나꼼수, 그러나 안타까웠던 것

앞에서 살펴본 바와 같이 SNS 시대를 맞아 이어진 나꼼수 4인의 새로운 의기투합은 어느 미디어도 보여주지 못했던 커다란 성취를 이루어냈다. 그러나 내가 나꼼수의 모든 것에 대해 미화하려는 것은 아니다. 나꼼수가 또 다른 문화 권력이 아니라면 그들의 오류에 대해서는 쓴소리와 비판도 당연히 필요하다. 아무리 많은 팬을 갖고 있는 나꼼수라 해도 비평의 성역은 아니기 때문이다.

여기서 4·11 총선에서 나꼼수가 보여주었던 모습에 대해 짚고 가야 할 필요성을 느낀다. 무척이나 안타깝고 아쉬웠던 장면이었기 때문이다.

김용민 막말 파문, 어떻게 볼 것인가

4·11 총선은 당초 예상과 달리 야당의 패배로 끝났다. 워낙 야당의 승리를 기정사실화했던 선거였기에 야권 지지층이 받은 충격은 컸다.

야당의 패인에 대해서는 여러 원인들이 지적되고 있다. '박근혜의 힘'이라는 여당 측의 승리 원인 이외에도 위기관리 능력의 부재, 전략의 부재, 리더십의 취약 같은 문제들이 지적된다. 그리고 선거 종반 김용민 후보의 막말 파문에 민주통합당이 신속하고 분명하게 대처하지 못했던 것도 마지막 승부에 영향을 미쳤던 것으로 진단되고 있다.

민주통합당은 막말 파문이 불거질 대로 불거진 뒤에야 뒤늦게 당의 입장을 내놓았다. "당은 김 후보에게 사퇴를 권고했으나, 김 후보는 유권자들에게 심판을 받겠다는 입장"이라는 것이었다. 무슨 소리인지 유권자들을 납득시키기 어려운 말이었다. 전국 선거를 치르는 제1야당이 후보 한 사람의 거취 문제를 어쩌지 못하고 그냥 지켜본다는 얘기가 되는 셈이었다. 당시 민주통합당은 김 후보를 껴안고 가는 것도 아니고, 그렇다고 버리고 가는 것도 아니었다. 어정쩡한 스탠스였다.

선거 결과는 민주통합당이 나꼼수 팬들을 의식한 나머지 자신의 허물에 대해 우유부단한 모습을 보임으로써 중간층을 납득시키지 못했고, 오히려 보수층을 자극해 결집시켰다는 분석을 낳았다. 4·11 총선에서 1천표 이내로 당락이 갈린 지역구가 모두 11곳이었음을 감안하면, 여야 간 의석 수 차이가 12개였던 선거 결과에 적지 않은 영향을 미쳤음을 추론할 수 있다. 따라서 4·11 총선에서 야당이 패배한 책임을 김용민 후보에게 떠넘기는 것도 비겁한 일이지만, 반대로 별 영향을 주지 않았다고 강변하는 것도 합리적인 태도로 보이지는 않는다.

실제로 여론조사 전문기관 리얼미터가 2012년 4월 13일 공개한 자료에 따르면, 4·11 총선 최대 이슈는 김용민 막말 파문이 22.3%로 1위를 기록한 것으로 나타났다. 2위 경제복지정책 공약(16.1%), 3위 민간인 불법사찰(14.9%), 4위 한미 FTA(10.7%), 그리고 야권 연대 여론조사 조작(9.7%), 북한 로켓발사(5.1%), 제주 해군기지(3.7%) 등의 쟁점을 앞선 수치이다. 이 조사 결과를 보면 야권이 최대 이슈로 부상시키려 했던 민간인 불법사찰 문제조차 김용민 막말 파문에 덮어져버렸다는 얘기가 된다. 야권은 선거 종반에 정권심판론의 확산에 승부를 걸어야 할 상황이었으나, 막말 파문의 영향 속에서 탄력이 붙지 못하고 말았다. 그 결과 비수도권에서 선거를 치른 민주통합당 후보들은 선거가 끝난 뒤 막말 파문에 대한 당의 미온적 대처에 많은 불만을 쏟아내기도 했다.

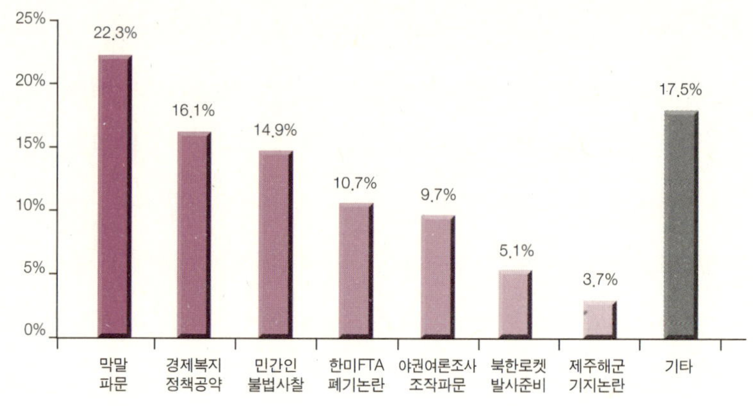

| 2011년 4·11 총선 최대 이슈 | (자료 : 리얼미터)

나꼼수 마케팅에 의존한 민주통합당의 실패

사실 당시 상황에서는 김용민보다도 민주통합당의 문제가 더 컸다고 본다. 김용민은 8년 전에 했던 자신의 발언이 그렇게 선거전에서 문제가 되리라고는 상상도 못 했을 것이다. 나라도 그랬을 수 있다. 물론 파문이 불거진 직후에 김용민이 스스로 신속히 사퇴하여 파문을 조기 진화했다면 전국 선거에 미친 영향이 그렇게까지 크지는 않았을 것이다. 그러나 김용민은 사퇴를 거부했고 완주를 다짐했다. 여기까지는 김용민의 무리였다.

그러나 이를 바로잡을 책임은 최종적으로 민주통합당에게 있었다. 김용민이 코너에 몰려 전체를 바라보는 균형적 시야를 잃었다 해도, 전국 선거를 치르는 입장에서 사태를 조기에 종결시킬 방법을 찾는 것은 민주통합당의 몫이었다. 그러나 민주통합당은 파문이 확산되는 동안 지켜만 보다가, 유권자들이 이해하기도 어려운 입장이라는 것 하나 달랑 내놓고 아무 일도 없다는 듯이 선거를 치렀다.

결과는 패배였다. 보수층은 결집했고 중간층은 이탈했다. 나꼼수 팬들 가운데는 막말 파문이 선거에 영향을 주지 않았다고 하는 사람들이 아직도 많이 있지만, 내가 체감했던 주변의 분위기는 그와 달랐다. 박빙의 승부에서는 조금만 이탈층이 생겨나도 승패가 뒤바뀌는 곳이 많은 법이다.

보다 앞선 원인을 찾자면, 애당초 민주통합당이 나꼼수의 인기를 등에 업고 4·11 총선의 승리를 노렸던 것 자체가 잘못된 전략이었다. 물론 10·26 서울시장 보궐선거 당시 나꼼수의 영향력은 대단했었다. 나꼼수는 2040 세대가 투표장으로 향하는 분위기를 낳은 데 적지 않은 역할을 했다. 특히 당시 한나라당 나경원 후보과 관련된 내용이 나꼼수를 통해 전파되면서 나 후보를 곤경에 빠지게 만들기도 했다. 이 점은 나도 앞에서 주목했던 부분이다.

그러나 서울시장 보궐선거에서 발휘된 나꼼수의 영향력이 모든 선거에 그대로 적용될 수 있는 것은 아니었다. 서울에서만 치러졌던 10·26 서울시장 보궐선거와 전국적으로 치러지는 4·11 총선은 엄연히 환경이 다른 선거였다. 그런데 민주통합당은 10·26의 추억에만 젖어 전국적인 나꼼수 마케팅에 나섰다. '지역구 세습'이라는 논란까지 감수하면서 말이다.

수감 중인 정봉주 전 의원은 노원갑에 김용민을 공천해 줄 것을 강력히 원했고, 민주통합당은 고심 끝에 그 요청을 수용했다. 그 과정에서 '정봉주 공천'이니 '지역구 세습'이니 하는 비판이 나오기도 했다. 민주통합당이 일부의 그런 시선을 감수하면서도 김용민을 공천하며 나꼼수와 굳게 손잡는 모습을 보인 것은 역시 젊은 층의 지지를 얻어내겠다는 포석이었다.

그러나 그러한 과정의 공천이 무리한 것이었음이 이내 드러나고 말았다. 예상치 못했던 막말 파문 때문이었다.

4·11 총선에서 나꼼수에 대한 반응은 지역과 세대에 따라 차이가 큰 것으로 나타났다. 세대 간의 차이야 이미 알고 있는 것이었지만, 지역 간의 차이는 충분히 고려하지 못했던 점이었다.

막말 파문에도 불구하고 서울에서는 젊은 층의 지지가 어느 정도 유지되었지만, 비수도권에서는 그에 대한 반응이 냉담하였음을 선거 결과는 보여주었다. 막말 파문 논란이 계속되던 선거 막판 서울광장에서 있었던 나꼼수의 '삼두노출' 이벤트조차도 나꼼수 열혈팬들은 결집시켰겠지만, 그 대신 그 이상의 다른 유권자들을 이탈시켰을 가능성이 크다. 막말 파문에 대해 고개 숙이지 않고 정면 돌파하려는 나꼼수의 모습에 비수도권 유권자들은 그리 호의적이지 않은 반응을 보인 것이다. 만약 이를 감안한 보다 섬세한 전략이 있었다면 4·11 총선에서 나꼼수의 역할은 보다 긍적적이고 의미 있는 방향으로 조정될 수 있었을 것이다.

4·11 총선을 거치면서 나꼼수는 도마 위에 올랐다. 언제나 나꼼수를 적대시했던 조중동이야 그렇다 쳐도, 이전까지 나꼼수를 성원했던 사람들의 우려까지 자아낸 것은 슬픈 일이었다.

나꼼수는 나꼼수일 때가 좋다

그 인기 높던 나꼼수가 어떻게 한순간에 동네북이 되는 처지가 되었을까. 나꼼수의 불행은 그들이 무대를 정치 세계로 옮기면서부터 시작되었다. 김용민의 출마로 어제의 심판은 하루아침에 선수가 되었고, 막말과 욕설을 입에 담아서는 안 되는 '공인 중의 공인'이 되어버렸다. 8년 전의 막말을 세탁하고 뛰어들 시간조차 없었다. 정치를 너무 쉽게 보고 과욕을 부린 것이었다.

이들의 과욕은 도처에서 드러났다. 김용민은 '큰싸움'을 하러 출마했다 했고, 막말 파문 이후에도 '김용민 대 이명박'의 대결을 내걸었다. 막말 파문이 아니었더라도 아무런 지역 연고도 없이 막판에 뛰어든 후보가 당선되는 것은 쉬운 일이 아니었다. 더욱이 그러한 과장의 어법은 B급 정서의 자유가 보장되는 팟캐스트에서는 거침없다는 박수를 받을 장면이었겠지만, 오프라인의 선거 공간에서는 그렇지 못했다. 김용민과 나꼼수 스스로가 선거 공간으로의 갑작스러운 이동 앞에서 여러 혼란스러운 모습을 보여준 것이 사실이었다.

나꼼수는 그냥 나꼼수일 때가 가장 좋았다. 팟캐스트에서의 나꼼수는 정치적 치외법권 지대에 있었다. 'ㅅㅂ'를 내뱉어도, '조'를 외쳐도 누가 뭐라 하지 않았다. 팬들은 함께 '쫄지마!'를 외치며 그들의 욕설에 화답했다. B급 정서의 후련함이 공유되었기에 가능한 장면이었다.

그런데 그들이 B급 언어들을 그대로 갖고 A급 세계로 들어가겠다고 하면서 일은 어그러져버렸다. 애당초 나꼼수는 정치지도부가 아니었다. 그들은 '가카'에 대한 분노를 안고 있던 대중들에게 B급 언어를 통해 카타르시스를 제공하고 다시 힘을 내게 해 주는 역할을 했다.

물론 그 역할은 정치지도부만큼이나 중요한 것이었다. 그 중요한 역할을 계속할 수 있었던 나꼼수가 어쩌다가 졸지에 선거를 앞에서 이끄는 정치지도부의 위치에 서버리게 된 것이었을까. 나꼼수는 그냥 나꼼수였을 때 가장 큰 영향력을 가질 수 있었음을 4·11 총선 결과는 보여주었다.

막말 파문이 야당 패배에 미친 영향에 대한 논란이 계속되고 있던 와중에 스스로를 '중죄인'이라 했던 김용민은 선거 이틀 뒤에 다시 입을 열었다. "낙선자의 근신은 끝났다"며 국민욕쟁이가 되겠다고 나섰다. 김어준은 한 술 더 떠서 "나꼼수 때문에 선거에서 진 것이 아니라, 나꼼수 때문에 이만큼 저지한 것이다"라고 주장했다. 그러나 선거 패배의 큰 충격 앞에서 적어도 당분간은 함께 성찰하는 시간을 갖는 모습이 필요했다. 진보를 말하는 사람들에게도 성찰은 언제나 필요한 것 아니겠는가. 나꼼수는 언제나 '쫄지마!'를 외쳐왔지만, 국민의 상식 앞에서만큼은 쫄 줄도 알아야 했다.

물론 나꼼수는 앞으로도 계속될 것이다. 경기는 아직 끝나지 않았다. '용민운동회'를 마친 나꼼수는 다시 자기의 길을 갈 것이다. 그리고 팬들은 또 열광할 것이다. 그렇게 되기를 바란다. 그러나 어쩐지 전처럼 속 시원하게 웃기만 하며 들을 수 없을 것 같아 안타깝다. 12월 대선에서는 같은 오류가 반복되지 말아야 한다는 걱정이 앞서기 때문이다.

나꼼수가 성찰적 재기를 하기를 기대한다. 선수가 아닌 심판으로서 말이다.

5

개인방송, 1인 미디어를 꿈꾸다

　　나꼼수 이외에도 SNS 시대가 낳은 미디어 환경의 대변화는 수많은 개인방송들의 출현으로 이어졌다. 인터넷을 통해, 그리고 모바일을 통해 새로운 방송들이 개국을 하고 시청자들을 끌어들이는 새로운 방송시대가 열리고 있는 것이다. 지금은 물러났지만 통합진보당 이정희 전 대표도, 망치부인도, 그리고 나도 개인방송을 하며 수많은 시청자들을 만나왔다.

누구나 쉽게 할 수 있는 개인방송의 시대

　　개인방송은 방송에 대한 기존의 통념을 여지없이 깨뜨리고 있다. 방송을 하려면 많은 비용을 들여 각종 기기를 갖추어야 하고 사람도 여럿 있어야 한다는 생각은 개인방송에는 해당되지 않는다.

개인방송은 말 그대로 혼자 하는 방송이다. 그래서 한 사람이 방송사 사장도 하고, PD도 하고, DJ도 하고, 그런 식의 1인 다역이 가능하다. 아니, 그런 멀티플레이가 개인방송의 매력이다.

나는 혼자 아프리카 TV를 시작하면서 방송국 이름을 아예 '유창선 방송국'이라고 지었다. 개인방송의 냄새를 물씬 풍기자는 생각이었다. 지상파 방송에서는 짤린 나였지만, '유창선 방송국'의 사장이 되고 PD가 되고 진행자가 되어 내 멋대로, 나 하고 싶은 대로 방송을 하고 있는 것이다. 그렇게 '유창선 방송국'은 혼자서 잘 돌아갔고, 지금도 그러하다.

개인방송을 하는 과정은 생각보다 무척 간단하다. 기기라고는 방송을 할 수 있는 PC와 웹캠, 마이크만 있으면 된다. 물론 가격대에 따라 성능에 다소 차이는 있지만, 비교적 좋은 기기를 사용한다 해도 몇십만 원이면 마이크와 웹캠을 구입해서 방송을 시작할 수 있다.

또 데스크탑 PC로만 방송을 할 수 있는 것도 아니다. 요즘은 와이파이용 캠코더가 있어서 와이파이망을 이용해 어느 곳에서든지 방송이 가능하다. 2008년 촛불집회 때만 하더라도 인터넷 TV로 집회를 생중계하려면 여러 명이 장비들을 갖고 움직여야 했다. 그러던 것이 이제는 혼자서도 와이파이 캠코더를 들고 거리로 나가 생중계를 할 수 있다. 말 그대로 1인 미디어로서의 개인방송이 가능해진 것이다.

또 스마트폰에 아프리카 TV 어플리케이션을 다운로드 받아 놓으면 모바일 생방송을 하는 것이 가능하다. 스마트폰 화면에서 몇 번만 터치하면 곧바로 생방송이 송출된다. 어린아이도 곧바로 할 수 있을 정도로 쉽다.

여러분도 지금 스마트폰을 손에 쥐고 잠시만 시간을 들이면 즉시 나만의 방송을 시작할 수 있다. 스마트폰 인구 2천만 시대, 지금 전국에는 방송을 할 수 있는 2천만 대의 카메라가 돌아다니고 있는 셈이다. 그러니 오늘을 가리켜 1인 미디어 시대라고 하는 것은 조금도 과장된 말이 아니다.

요즘 개인방송의 최대 플랫폼이 되고 있는 아프리카 TV의 경우, 개인이 쉽게 방송을 할 수 있는 환경이 매우 잘 갖추어져 있다. 초보자도 방송하기 안내만 보고 따라하면 어렵지 않게 방송을 시작할 수 있다.

아프리카 TV에는 게임, 음악, 스포츠, 시사 등 각 분야의 수많은 BJ들이 활발하게 개인방송을 하고 있다. 또한 매일같이 수십만 명의 시청자가 자신의 취향에 맞는 방송을 찾아가 함께하고 있다.

불량주부 망치부인부터 미디어 몽구까지

내가 하고 있는 아프리카 TV에서 대표적인 시사방송으로 망치부인의 방송을 꼽을 수 있다. '도봉구 창동에 사는 불량주부'로 자신을 소개하고 있는 이경선 씨는 아프리카 TV 시사방송 가운데 최대의 시청자 수를 자랑한다.

그녀가 한 번 방송을 하면 2천 명 이상의 시청자들이 동시 접속해 시청을 한다. 이 숫자는 어디까지나 동시접속자 수이기 때문에 재방송 시청자를 포함한 누적시청자 수로 따지면 하루 5만 명가량의 시청자가 이 방송을 보는 셈이다. 어지간한 케이블 방송, 아니 종편 프로그램보다 영향력이 큰 경우다.

망치부인이 개인방송을 시작한 것은 2007년 1월. 처음에는 얼마 전 별세한 김근태 고문을 알리기 위한 방송으로 시작했으나, 이후 본격적인 개인방송을 하게 되어 지금에 이르렀다고 한다.

망치부인은 한 번 방송을 시작하면 4시간도 하고 6시간도 한다. 쉬지 않고 떠들어야 하는 방송임을 생각하면 육체적인 고통이 따르는 일이다. 어떤 때는 밤을 새우며 방송을 한 적도 있고, 허리가 고장 났는데도 통증을 참아가며 방송을 한 적도 있단다.

그렇다면 망치부인은 왜 이렇게 힘든 방송을 하고 있을까. 나의 질문에 대한 그의 답은 이런 것이다.

"많은 언론들이 진실을 왜곡하고 있는 시대에 진실을 전한다는 생각으로 방송을 하고 있다. 시사를 잘 모르던 시청자가 나의 방송을 보고 시사를 제대로 이해하게 되었다고 할 때 보람을 느낀다."

이정희 전 대표는 2011년 말에 블로그를 통해 방송 파일을 올렸는데, 그것이 SNS에서 화제가 되면서 다운로드가 쇄도하자 아예 팟캐스트에 올리게 된 경우이다. 이 대표의 팟캐스트 방송 '희소식'은 한때 팟캐스트 차트에서 나꼼수에 이어 2위를 달렸다.

이정희의 '희소식'은 정당의 대표가 지속적으로 개인방송을 하는 첫 사례가 되어 관심을 더했다. 당 대표 개인의 방송이 당을 알리는 효과까지 함께 거둔 것이다.

그 이후 같은 통합진보당에 있는 노회찬·유시민의 '저공비행'도 팟캐스트에 선을 보여 화제가 되었다. 정당을 대표하는 얼굴들이 팟캐스트 방송을 통해 당을 홍보하는 새로운 방식이 등장했고 상당한 관심을 모았던 것이다.

개인방송은 아니지만, 동영상 전문 블로거 미디어 몽구의 활약도 빼놓을 수 없는 사례이다. 미디어 몽구는 거대 방송사들의 카메라가 찾지 않는 곳에 달려가 찍은 장면들을 유투브, 트위터, 블로그 등을 통해 유통시킨다.

그는 수많은 동영상 특종을 내고 있는데, 대표적인 것이 2010

년 9월 광화문 물난리 장면을 동영상으로 찍어 특종을 만든 것이다. 당시 지상파, 케이블을 막론하고 방송사 기자들은 모두 추석휴가를 떠난 상태여서 서울 도심의 물난리 보도가 공백에 처해 있었다. 그때 미디어 몽구는 물난리 현장을 동영상으로 담아 수많은 SNS 이용자들에게 전하는 'SNS 특종'을 거두었다. 몽구는 지금도 거대 방송사들의 카메라가 잘 찾지 않는 현장을 빼놓지 않고 지키는 역할을 하고 있다.

이처럼 개인방송은 1인 미디어 시대를 여는 개척자 역할을 하고 있다. 개인방송은 규격화된 거대 방송들이 다루지 못하는 내용들을 성역 없이, 그리고 거침없이 다루고 있다.

거대 방송사는 흉내 낼 수 없는 개인방송의 매력

개인방송은 기술적인 면이나 완성도 면에서 거대 방송들에 훨씬 못 미칠 수 있다. 돈을 더 많이 들이고, 더 많은 사람들이 만든 방송이 보기에도 그럴 듯한 것은 당연한 일이다. 그런데도 왜 시청자들을 거친 개인방송에 매료되는 것일까.

개인방송의 매력은 방송을 하는 BJ와 시청자 혹은 청취자 사이의 거리가 매우 가까워진다는 점이다. 공식화되고 규격화되었던 거대 방송에서는 접할 수 없었던 내용, 그리고 진행자의 인간적인 모습이 개인방송에서는 여과 없이 전해진다.

아프리카 TV 같은 곳에서는 채팅창을 통해 진행자와 시청자 사이의 실시간 소통이 이루어진다. 그 과정을 거치면서 진행자와 시청자 사이의 정서적 간격은 무척 가까워진다. 거대 방송에서는 경험할 수 없었던 밀착의 정서를 느끼면서 시청자들은 개인방송에 열광하는 것이다.

나의 경우도 아프리카 TV에서 개인방송을 하다 보면 항상 찾아오는 팬들과 가까운 관계를 유지하게 된다. 시청자들은 정치적 이슈뿐 아니라 나의 개인적인 견해, 혹은 나의 일상에 대해서도 많은 관심을 갖고 물어온다. 나 또한 자신의 최근 생각이나 활동에 대해 시청자들에게 답한다. 그러다 보면 다른 어떤 매체에서도 드러낼 수 없는 개인적인 상황들까지 공유하게 된다. 혹은 다른 매체들을 통해서는 드러내기 어려웠던 속생각들을 꺼내 놓는 경우가 종종 있다. 개인방송만이 가질 수 있는 특성이다.

여기서 소개한 몇 개의 방송 이외에도 수많은 개인방송들이 운영되고 있고, 계속 새롭게 출현하고 있다. 내가 하고 있는 시사 분야뿐만 아니라 다양한 분야에서 개인방송들이 속속 생겨나고 있다. 예능 분야에서도 이 개인방송을 발판으로 하여 자신의 활동 폭을 넓혀나가는 경우들이 늘고 있는 추세이다.

개인방송은 아니지만 '세계 최초로 시도하는 스마트기기 전용 방송'을 표방한 〈손바닥 TV〉는 2011년 12월에 개국하여 이 또한 새로운 시도로 평가받는다. 〈손바닥 TV〉는 MBC 자회사가 갖고 있는 시설과 인력의 뒷받침 속에서 본격적인 모바일 방송을 시도한다는 점에서 또 다른 영역을 개척하고 있다. 나 또한 '제2의 나꼼수가 될 우려가 있다'는 김재철 사장의 발언 이후 강제 폐지된 '손바닥 뉴스'에 고정적으로 출연하면서, 기존의 지상파에서는 하기 어려웠던 신랄한 풍자, 격식 파괴 등의 매력을 발견할 수 있었다. 이 '손바닥 뉴스'는 모바일 시청자들로부터 커다란 인기를 누렸으나, 소셜TV의 쌍방향적 성격에 무지한 김재철 사장 때문에 결국 폐지되고 말았다.

개인방송을 규제하려는 낡은 권력

이처럼 제2, 제3의 나꼼수, 아니 수많은 나꼼수들이 이미 있어 왔고 계속 등장하고 있다. 스마트폰과 태블릿 PC 등 스마트 기기의 기하급수적인 보급은 개인방송의 시대를 본격적으로 열어젖히고 있다.

그런데 이 혁명적인 개인방송의 시대를 거스르려는 무식한 발상이 있으니, 바로 인터넷 개인방송국에 대해 심의를 하겠다는 방송통신심의위원회의 방침이 그것이다. 물론 방통심의위가 하겠다는 것은 인터넷 방송의 음란물, 욕설 등 불법·유해 정보에 대한 모니터링과 규제이다. 그러나 이 같은 표면적인 설명에도 불구하고 심의의 잣대를 어떻게 들이대느냐에 따라 권력을 비판하는 내용의 방송들까지도 규제되거나 위축되는 상황을 배제할 수 없다. 이명박 정부 아래에서 있었던 미네르바 구속 사건을 돌이보면 인터넷에서의 표현의 자유를 억압했던 정권 아래에서 개인방송을 상대로 또 어떤 짓을 할지 안심할 수 없는 것이 사실이다.

그러나 개인방송에 대한 권력의 간섭과 규제는 해서도 안 되고 할 수도 없는 것임을 분명히 알아야 한다. 전국에 2천만 대가 넘는 카메라가 돌아다니는 세상에 무슨 수로 그 수많은 개인방송들을 일일이 감시하고 규제할 수 있단 말인가. 그것은 현실적으로 불가능한 일이며, 결국 밉보인 특정인들을 대상으로 한 표적 규제가 될 수밖에 없다.

또한 간혹 개인방송에서 선정성이 문제가 되는 경우들이 있다 하더라고 그조차도 자율적인 정화를 통해 해결할 수 있도록 하는 것이 바람직하다. 아프리카 TV의 경우 이미 자체적인 모니터를 통해 일부 선정적인 방송에 대한 모니터와 규제를 강화했고, 그 결과 선정적인 방송은 이제 별 다른 문제가 안 되고 있는 상황이다. 그런데도 굳이 방송심의위 같은 기관에서 개인방송에 대한 감시와 규제를 강조하고 나선 것은 권력이 사회의 모든 분야에 간섭할 수 있다는 구시대적 발상의 결과이다.

SNS 시대, 1인 미디어의 시대에 권력의 간섭은 작으면 작을수록 좋다. 권력 만능의 세상은 이제 끝났다. 이제는 집단지성의 힘으로 문제를 풀어나가야 한다.

Part 3

대한민국,
정치를 팔로잉하다

SNS가 대한민국 정치를 강타했다. 여론을 이끄는 것은 더 이상 조중동이 아니라 SNS가 되었다. 깜짝 놀란 정당과 정치인들은 너도 나도 SNS 세상에 뛰어들고 있다. SNS는 우리 정치를 어디로 끌고 가고 있는가. 그리고 SNS 정치 앞에 던져진 과제는 무엇인가.

1

SNS, 정치 참여의
새로운 지평을 열다

이제 SNS 시대의 전개가 한국 정치에 어떠한 영향을 주었는지 본격적으로 살펴보자.

SNS 환경의 도래는 인류에게 단지 기술적인 변화를 의미하는 것이 아니다. SNS 시대의 도래는 사람과 사람 사이의 소통의 방식에 혁명적인 변화를 가져다주었고, 더 나아가 사람들의 생활 양식에까지 큰 변화를 낳고 있다.

개인에게 있어서 SNS는 다른 사람과의 대화를 위한 소통의 도구이지만, 그 물방울들이 모이고 모여 새로운 소통의 바다를 만들어낸다. 그리하여 SNS는 개인의 소통 방식의 변화를 낳은 데 이어 정치사회 전체의 운영 방식을 변화시키는 결과를 낳는다.

소셜네트워크가 낳은 새로운 혁명

앞서 언급한 주커버그는 지난 2008년 〈타임〉에 의해 '세계에서 가장 영향력 있는 인물' 가운데 한 명으로 선정된 바 있었다. 그랬던 그가 다시 2년 만에 '2010년의 인물'로 등극한 장면은 소셜네크워크의 시대가 정점을 향해 가고 있음을 보여준다.

〈타임〉은 주커버그의 선정 이유를 밝히면서 우리가 20세기 초와 같은 이행transition의 시기를 거치고 있다고 표현했다. 역사적으로 새로운 단계라는 의미이다. 소셜네트워크의 확산이 낳은 오늘의 변화를 이처럼 새로운 역사적 단계로 해석하는 설명들이 여럿 있다.

〈이코노미스트〉는 지금의 사회를 1448년 구텐베르크Johannes Gutenberg에 의해 시작된 미디어 혁명과 유사한 초기 단계라고 언급한 바 있다. 왕과 귀족 등 고위층의 전유물이었던 정보와 지식은 구텐베르크 인쇄혁명을 통해 비로소 정보의 공유와 대중화가 이루어질 수 있었다.

여기서 재미있는 사실은 두 혁명 모두 자코뱅당원jacobins과 군주monarchs가 존재한다는 점이다. 구텐베르크 혁명에서 인쇄업자, 출판업자, 개신교도와 작가들이 자코뱅당원이었다면, 오늘날의 미디어 혁명에서는 주류 미디어를 대신한 블로거와 팟캐스터들이 바로 자코뱅당원이다. 또 구텐베르크 혁명에서의 군주가 교

황, 수도원, 귀족이었다면, 오늘날의 혁명에서는 주류 미디어가
그들을 대신한다. 블로거와 팟캐스터들이 주류 미디어를 상대로
미디어 혁명을 수행하고 있는 것이다.

한편, 프레이저 Matthew Fraser 와 두타 Soumitra Dutta 는 《소셜네트워크
e혁명》에서 웹2.0 혁명 사용자들의 적극적인 참여를 유도하고 정보 공유를 확대하는
새로운 인터넷 환경 이 인쇄술과 마찬가지로 기존의 사회 조직에 대한
강력한 단절을 대표한다고 주장한다. 즉, 우리는 꽉 짜여진 시장
질서, 수직적 조직 체계에 기초한 기존의 가치와 단절하는 시대
를 살고 있다는 것이다. 우리는 기존 사회의 수직적 질서를 창조
적으로 파괴하며 수평적 네트워크의 시대를 열고 있다. 그래서
이들은 소셜네트워크의 힘이 가져온 이 변화를 'e혁명'이라 부
른다. 그냥 단순한 변화가 아니라 과거와 단절된 혁명이라는 것
이다.

이들이 사용하는 '혁명'이라는 표현은 결코 과장된 것이 아니
다. 소셜네트워크의 새 시대는 분명 과거와는 다른 혁명적 변화
를 경험하고 있다. 스마트폰이나 태블릿 PC 같은 모바일 기기를
손에 쥔 시민들이 이제 시간적, 공간적 제약을 넘어서서 실시간
으로 자신들의 발언을 쏟아내고 있는 것이다.

그 결과 웹과 모바일에서 초 단위로 쏟아져 나오는 의견들에
대해 권력과 자본은 더 이상 과거와 같은 개입과 통제를 일삼는

것이 불가능해졌다. 모바일을 손에 든 시민들은 저마다 미디어의 새로운 주역으로 등장했고, 이들이 SNS에 올린 정보와 의견들은 새로운 소셜미디어의 시대를 열고 있다. 이제 여론 시장의 권력은 거대 주류 미디어로부터 SNS에 참여하고 있는 시민들에게로 급속히 이동하고 있다.

SNS가 만드는 풀뿌리 여론

이 같은 변화는 민주주의에도 새로운 지평을 열고 있다. 시민들은 블로그, 트위터, 페이스북에 자신의 의견을 올리고, 자신이 공감하는 다른 사람들의 의견을 전파하는 데 적극적으로 나선다. 거대 미디어들이 주도했던 여론의 일방적 형성 과정은 이제 시민들이 SNS를 통해 아래로부터 자연스럽게 만들어가는 '풀뿌리 여론'의 형성으로 변화하고 있다.

과거에는 거대 언론, 한국의 예를 들면 조중동이 여론을 일방적으로 주도했던 시절이 있었다. 조중동이 자신들의 정치적 입맛대로 의제를 선정하고 이를 이슈화시키면 그것이 여론이 되었던 것이다.

그러나 이제는 달라졌다. 인터넷 사용이 보편화되고 특히 SNS 이용자가 급증하면서 여론은 더 이상 소수의 거대 언론이 아닌 다수의 시민들에 의해 만들어지기 시작했다. 2002년 대선에서 조중동의 집요했던 음해와 공격을 딛고 노무현 후보가 승리했던 것은 풀뿌리 여론 시대의 도래를 의미하는 것이었다. 이제는 단지 인터넷뿐만 아니라 모바일에 기반한 SNS를 통해 여론이 형성되는 영역이 크게 넓어졌기에 조중동 같은 올드미디어의 여론 주도력은 더욱 퇴조하게 되었다.

이제 시민들은 트위터 혹은 페이스북 공간에서 자신들의 생각에 따라 이슈를 만들어내고 서로 소통하며 여론을 이끌어나가고 있다. 물론 SNS 여론이 반드시 오프라인의 전체 여론과 일치하는 것은 아니기 때문에 종종 괴리 현상도 발견되지만, 그래도 전체 여론에 비치는 영향력은 오히려 조중동을 넘어선 지 오래이다. 조중동이나 KBS, MBC 뉴스가 다루지 않는 사안이 SNS를 통해 사회적 관심사로 부상한 사례는 이제 부지기수이다. 홍익대 청소 노동자들의 문제가 사회적 이슈가 되어 결국 해결될 수 있었던 것도 전적으로 SNS의 역할을 통해서였다.

이와 같은 점에서 소셜네트워크 민주주의는 과거 참여민주주의가 이루지 못했던 미완의 과제들을 성취시켜가고 있다. 정치사회에 대한 시민들의 참여가 과거에는 NGO를 통해 유기적으로 이루어지지 못했지만, 이제 SNS를 통해 예고 없는 혁명의 방식으로 이루어지고 있는 것이다.

소셜네트워크 민주주의는 크게 세 가지 단계로 구성된다.

첫째, SNS를 통한 시민들의 소통이다. 이용자들은 자신의 SNS 공간에 자신의 의견을 자유롭게 자발적으로 올린다. 수많은 정보와 의견들이 SNS 공간에서 공유되면서 이용자들 간의 소통이 이루어진다.

둘째, SNS를 통한 의제의 창출과 여론의 형성이다. SNS 공간에서 개진된 수많은 의견들은 새로운 의제를 창출하는 힘을 보여주는 동시에 SNS에 기반한 새로운 여론을 선도한다. 과거의 거대 올드미디어가 독점했던 의제 창출 능력과 여론 주도력을 무너뜨리며 SNS는 여론 시장의 새로운 주도자로 부상했다.

셋째, SNS에서 만들어진 의제와 여론은 개인들 사이에 자발적으로 형성된 네트워크를 통해 오프라인에서의 행동으로까지 발전한다. 이제 SNS는 단지 온라인 공간에서의 여론에 머무르는 것이 아니라, 시민 행동을 조직하는 단계로까지 발전하고 있는 것이다.

이와 같은 소셜네트워크 민주주의는 이전까지 NGO가 선도했던 참여민주주의의 실험, 인터넷에 기반한 온라인 민주주의로부터 질적으로 발전한 새로운 단계라 할 수 있다.

이제 SNS는 NGO들에 비해 의제 창출 능력과 여론 주도력에 있어서 훨씬 우위를 보이고 있다. '시민 없는 시민단체'라는

NGO의 고질적 한계는 이제 SNS 이용자들이 발언의 주체로 등장하면서 극복되고 있으며, SNS 이용자들은 아래로부터 여론 형성을 주도하면서 정치사회의 새로운 주인공으로 등장하고 있다.

또한 SNS는 각자의 의견을 웹에 쏟아내는 데 그쳤던 온라인 민주주의를 넘어, 개인으로 분리되었던 이용자들이 네트워크화되어 결속하고 조직적인 행동으로까지 연결된다는 점에서 온라인 민주주의보다 진화된 단계로서의 모습을 보여주고 있다.

	주요 기반	구성 내용
시민 참여 민주주의	NGO	선도적 문제 제기 방식
온라인 민주주의	인터넷	온라인 여론의 형성
소셜네트워크 민주주의	SNS	소통+여론 주도+시민 행동

| 소셜네트워크 민주주의의 단계 |

SNS, 민주화 혁명의 중심에 서다

소셜네트워크 민주주의의 전개는 한국만의 일이 아니라 세계적으로 나타나고 있는 현상이다. SNS가 세계적으로 보급·확산된 이후 국내외에서 목격된 수많은 장면들은 소셜네트워크 민주주의의 내용을 잘 보여주고 있다.

2011년 2월 무바라크를 퇴진시킨 이집트 시민혁명의 과정은 SNS의 위력을 보여주었다. 이집트 시민혁명은 이집트의 한 청년단체가 페이스북을 통해 집회를 제안한 것이 계기가 되면서 시작되었다. 많은 페이스북 이용자들이 이 제안에 적극 호응하면서 페이스북과 트위터에는 집회 관련 정보들이 속속 올라왔고, SNS를 찾는 시민들의 수는 계속 늘어났다.

또한 구글의 중동·아프리카 지역 매니저인 와엘 고님Wael Ghonim은 '우리는 모두 칼레드 사이드We are all Khaled Said'란 페이스북 페이지를 개설함으로써 이집트 시민혁명의 새로운 영웅으로 떠올랐다. 칼레드 사이드는 2010년 6월 경찰의 마약 거래 동영상을 공개했다가 경찰에게 폭행당해 숨진 29살의 청년 사업가인데, 이 페이스북 페이지는 수십만 명의 회원이 참여하면서 반反무바라크 운동의 근거지 역할을 하게 되었다.

인터넷과 모바일이라는 새로운 무기를 든 이집트 국민들은 페이스북과 트위터를 통해 실시간으로 시위 상황을 공유하며 연대하고 결속했다. SNS의 위력 앞에 당황한 무바라크 정권은 급기야 인터넷을 끊어버리고 페이스북과 트위터 접속마저 차단하는 조치를 취했지만, 시민들은 새로운 기술을 동원하여 이 차단의 벽마저 뚫는 모습을 보였다. 결국 무바라크는 항복을 하게 되었고, 이집트의 SNS는 며칠 만에 복구되었다.

와엘 고님은 미국 CBS 방송에 출연해 "페이스북, 트위터 같은 소셜 네트워크가 없었다면 혁명은 결코 촉발되지 않았을 것"이라고 진단하기도 했다. 미국의 힐러리 클린턴 국무장관은 무바라크의 퇴진 직후 가진 조지 워싱턴대 연설에서 "세계는 TV, 노트북, 휴대전화, 스마트폰으로 시위의 모든 과정을 함께 따라갔다. 이집트로부터의 사진과 동영상들이 웹에 넘쳐났다. 이를 통해 모든 시민들은 이집트 역사의 중대한 순간에 대한 희망과 공포를 공유했다"고 말했다. 클린턴의 말대로 수백만 세계인들은 SNS를 통해 이집트 시민혁명의 과정을 지켜보며 "당신들은 혼자가 아니다. 우리가 당신들과 함께한다"고 답을 한 것이었다.

이집트 시민혁명에 앞서 튀니지의 '재스민 혁명'에서도 SNS의 영향력은 나타난 바 있었다. 대학을 나오고서도 경제적 어려움을 겪어 과일 노점상을 해야 했던 청년 무함마드 부아지지의 분신자살 사건은 SNS를 통해 전파되었다. 그러자 대통령 일가의 불법 재산 축적과 관련해 불만이 쌓여갔던 시민들이 모두 들고 일어났다. 그런데 튀니지 경찰이 강경하게 진압하는 과정에서 시민들이 사망하게 되었고, 이 소식이 트위터와 페이스북을 통해 빠르게 퍼져나가 결국 시위는 정권퇴진운동으로 발전하게 되었다.

이러한 장면들은 이제 모바일이라는 새로운 무기를 손에 든 시민들이 SNS를 통해 어떻게 연계되고 결집하는가를 보여준다. 또한 그것을 막으려는 권력의 통제가 무력할 수밖에 없음도 보여주고 있다. 권위적이고 집중적이며 종종 강압적이었던 기존의 제도권력은 소셜네트워크에 의해 분산되고 협력적인 권력으로 변화할 것을 요구받고 있다.

이 같은 북아프리카 민주화 혁명에서 SNS의 역할은 그들 국내에만 한정되었던 것이 아니다. 이집트의 무바라크가 권좌에서 내려와 카이로를 떠나던 날 새벽, 우리는 한국에서 유튜브에 올라오는 알자지라 생방송을 시청하며 카이로의 상황을 실시간으로 지켜볼 수 있었다. SNS는 카이로의 시민들과 한국의 우리를 실시간으로 연계시켜주고 있었다. 그것은 SNS를 통한 세계 시민의 연대였다.

몇 시간 전만 해도 무바라크의 사퇴거부 연설에 격앙된 시민들은 타흐리르 광장에 모여 대통령궁을 향해 행진하고 있었다. 그러나 마침내 무바라크가 카이로를 떠났고 그것은 퇴진을 의미한다는 소식이 전해지자 광장에 모인 인파는 환호를 하며 축제 분위기 속에 빠져들었다. 우리는 이 역사적 순간을 카이로의 시민들과 함께할 수 있었다. 나는 아프리카 TV 생방송을 하면서 알자지라 방송을 통해 중계되는 이 역사적인 장면을 시청자들과 함께 지켜볼 수 있었다.

실제로 이집트 시민혁명 과정에서 알자지라가 유튜브를 통해 세계에 24시간 현지 생방송을 내보낸 것은 무바라크 정권에 대한 세계의 비판적 여론을 확산시키는 데 큰 역할을 한 것으로 평가받고 있다. 이처럼 민주화 혁명 과정에서 SNS의 역할은 일국의 경계를 넘어선 글로벌한 차원에서 이루어졌다. SNS의 영향력은 국경을 넘어선 것이다.

2

촛불과 함께 타오른
한국의 SNS

멀리 북아프리카까지 가지 않아도 SNS의 확산이 시민들의 정치적 행동으로 이어지는 현상은 한국에서도 주목할 만한 수준에서 나타난 바 있다. 촛불집회의 진화 과정을 살펴보면 그 속에서 온라인 민주주의와 소셜네트워크 민주주의의 진화 과정을 함께 발견할 수 있다.

인터넷에 기반한 온라인 민주주의가 영역을 넓힌 이후 한국 사회는 지금까지 여러 차례의 대규모 촛불집회를 경험하게 된다. 2002년 두 여중생 사망사건과 관련한 촛불집회, 2008년 미국 쇠고기 수입 재협상을 요구하는 촛불집회, 2011년 반값등록금 실현을 요구하는 촛불집회 등이 그것이다.

촛불집회의 진화와 SNS

먼저 2002년 두 여중생 신효순·심미선 양이 미군 장갑차에 깔려 희생되었음에도 주한미군 측이 이에 대한 책임을 외면하고 미군 병사들에 대한 무죄 평결이 내려지자 네티즌들은 미국에 항의하기 위한 온라인 시위에 들어갔다.

2002년 11월 28일 네티즌들은 미 백악관 사이트에 무죄 평결에 대해 항의하는 사이버 시위를 벌이며 백악관에 항의 이메일을 보냈다. 또한 '대한민국 네티즌 연합'을 주축으로 한 5천여 명의 네티즌들은 일상생활에서 사용되는 미국산 제품들의 리스트를 만들어 각종 사이트에 확산시키는 등 본격적인 미국 제품 불매운동에 나섰다.

국내 인터넷 사용자들이 가장 많이 사용하는 MSN 메신저에는 여중생을 추모하고 무죄판결에 항의하는 의미로 대화명 앞에 추모를 표시하는 항의 시위를 했다. 리서치 전문기관 메트릭스에 따르면, 효순·미선 양 사건이 이슈화됐던 2002년 12월 1주 (12/2~12/8)의 포털사이트 다음 뉴스 방문자는 1개월 전과 대비했을 때 약 44% 증가한 355만 명을 기록했다. 이후 인터넷 카페를 중심으로 여중생 추모를 계속하던 네티즌들은 미군의 무죄판결에 항의하고 소파 SOFA, 한미주둔군 지위협정 개정을 요구하는 오프라인 항의시위에 나서게 된다. 2002년 촛불집회의 시작은 이렇게 네티즌들의 자발적인 움직임으로 이루어졌다.

물론 시민사회단체들은 그보다 일찍부터 '두 여중생 사망사건 범국민대책위원회'를 결성하여 촛불집회에 적극적으로 개입하는 모습을 보였다. 당시 시민사회단체들의 연대 속에서 범국민대책위원회가 결성된 것은 2002년 6월 26일이었다. 본격적인 촛불집회가 11월 이후 전개된 것을 생각하면 두 여중생 사망과 관련된 촛불집회에는 범국민대책위가 초기부터 적극적으로 나섰음을 알 수 있다.

범국민대책위는 인터넷에서 전개되는 항의시위에도 함께하며 초기부터 촛불집회의 전 과정을 이끌었다. 즉, 2002년의 시기만 하더라도 오프라인에서의 조직적 대응이 온라인에서의 여론과 함께 가거나 이끌어가는 구도로 촛불집회가 전개되었다.

이러한 구도는 2008년의 촛불집회에 들어서서 커다란 변화를 겪게 된다. 미국산 쇠고기 수입에 반대하는 2008년의 촛불집회는 온라인을 통해 형성된 여론이 집회와 시위를 이끌고 오프라인에서의 조직적 지도는 제한적인 역할에 머무르는 변화를 보인다.

메트릭스에 따르면 2008년 촛불집회의 경우, MBC 〈PD수첩〉이 방영(4/29)된 4월 28일 주간(4/28~5/4)과 6월 6일 현충일 연휴가 포함되어 72시간 연속 집회가 진행됐던 6월 2일 주간

(6/2~6/8) 동안 다음 아고라의 방문자 수와 페이지뷰가 크게 증
가한 것으로 나타났다. 〈아이뉴스〉 2008년 6월 18일자

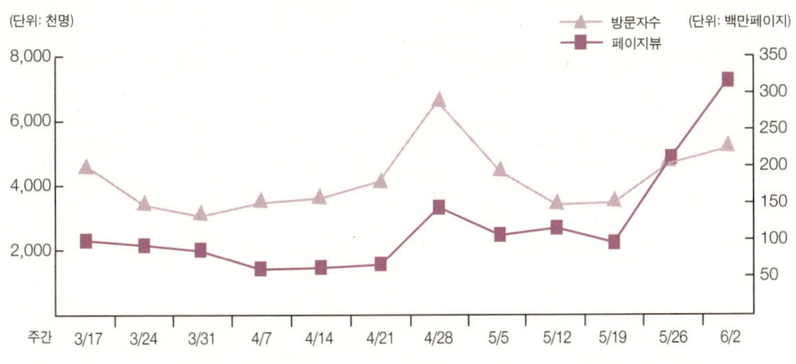

| 2008년 촛불집회 기간 아고라 방문자 수 변화 |

또한 촛불집회 현장을 실시간으로 방송했던 한겨레 hani.co.kr, 아
프리카 TV afreeca.com, 오마이뉴스 ohmynews.com, 라디오21 radio21.tv 등
의 방문자 수도 급증하는 양상을 보였다. 집회에 참여하지 못한
이들이 언론이나 방송보다는 인터넷 보도로 관심을 돌리면서,
아프리카 TV와 라디오21의 경우 6월 1주 방문자 수가 각각 44
만 명, 22만 명으로 4월 1주 대비 100% 이상 증가했다.

2008년의 촛불집회에서는 이전까지 나타나지 않았던 인터넷
TV의 영향력이 폭발적으로 나타났다는 점도 새로운 현상으로

꼽을 수 있는 장면이다. 촛불집회에 참석하지 못한 많은 사람들이 인터넷 TV 생중계를 통해 집회와 시위 과정을 시청하는 새로운 장면이 등장한 것이다.

당시 문용식 나우콤 대표가 〈주간동아〉 2011년 6월 20일자 에 게재한 글은 2008년 촛불집회의 확산 과정을 잘 설명해 주고 있다.

> "2008년 촛불집회에 수십만 명이 공감한 것은 인터넷 생태계가 잘 형성됐기 때문이다. 인터넷 포털사이트 다음에서 아고라가 점화하고 아프리카 TV에서 동영상으로 폭발하면 실핏줄처럼 퍼진 카페와 블로그를 통해 그 내용이 저변으로 확산됐다."

온라인 집단지성의 구현

2008년의 촛불집회에서 눈에 띄는 것은 온라인을 통한 '집단지성'collective intelligence의 구현이었다. 당시 인터넷의 각종 커뮤니티에는 미국산 쇠고기와 광우병에 대한 정보, 그리고 미국과의 쇠고기 협상 문제점을 알리는 내용들이 공유되었고 그 내용은 네티즌들 사이에 급속도로 확산되었다. 특히 다음의 아고라, 블로거 뉴스, 각 포털의 카페 등은 이러한 정보 공유와 의견 개진이 이루어지는 주요 공간이 되었다.

온라인상의 네트워크를 통한 이 같은 정보의 공유와 여론 형성을 통해 촛불집회가 대대적으로 전개되었던 것을 우리는 집단 지성의 사례로 꼽을 수 있다. 특히 당시 온라인 커뮤니티에서는 촛불집회의 진로에 대한 다양한 의견 제시와 토론이 이루어져 범국민대책위가 아니라 네티즌들이 촛불집회의 방향에까지 여론을 주도하는 모습을 보여주었다.

물론 반대의 견해도 있었다. 2008년의 촛불집회를 단순한 의견 쏠림 현상이나 집단적인 동조화 현상으로 보고, 이견에 대한 의견 교환이나 숙의의 정도가 낮다고 보는 것이다.

그러나 이러한 견해가 당시의 상황을 제대로 진단한 것인지는 의문이다. 2008년 당시 〈오마이뉴스〉, 〈프레시안〉 등과 같은 인터넷 언론들은 광우병 혹은 쇠고기 협상의 문제점에 대해 질 높은 기사들을 실었고, 이러한 내용이 많은 인터넷 커뮤니티에 공유되면서 의견들이 분출되었던 것이다.

또한 다양한 이견과 토론이 없었다는 지적도 당시의 여론 추이를 놓고 보면 수긍하기 어렵다. 당시 미국과 쇠고기 협상을 다시 해야 한다는 여론이 압도적인 상황이었는데도, 이를 온라인에서의 단순한 의견 쏠림 현상으로 말하는 것은 이해하기 어려운 대목이다. 2008년 6월 1일 SBS가 실시한 여론조사 결과를 보면, '미국산 쇠고기 재협상에 대해서는 재협상을 해야 한다'는

의견이 80.5%로 나타났고, '미국산 쇠고기를 먹기가 불안하다'
는 응답 역시 마찬가지로 80%를 넘는 것으로 나타났다. 이러한
여론의 추이 속에서 온라인 여론이 쏠림 현상을 나타낸 것은 자
연스러운 일이었다.

SNS, 오프라인의 시민 행동을 주도하다

촛불집회는 2011년에 들어 다시 새로운 변화를 겪게 된다.
2011년 5~6월에 전개된 반값등록금 요구 촛불집회는 온라인
기반을 넘어 SNS가 주도적인 역할을 했다는 점에서 새로운 현
상으로 의미를 부여할 수 있다. 특히 당시의 촛불집회는 트위터
공간을 통해 정보가 공유되고 유명 트위터리안들의 트위터 활동
에 의해 불이 붙었다는 점에서 눈길을 끈다.

반값등록금 촛불집회는 대학생들에 의해 이전부터 계속되었
지만, 참여 학생 수의 부족과 주류 미디어의 외면 속에서 특별한
관심을 끌지 못했다. 그러다가 5월 29일 시위에 나섰던 학생들
이 연행되는 사태가 빚어지자, 이 소식이 트위터 타임라인에서
이슈로 부상하면서 트위터를 통한 연대가 모색되었다.

트위터에서는 잘 알려진 고재열, 탁현민, 선대인 등이 학생들
의 촛불집회를 지원하는 데 나서기로 뜻을 모아 '날라리 선배 부

대'를 만들고, 여기에 김여진, 박혜경, 김제동, 권해효 등이 합류하면서 반값등록금 촛불집회 참여를 트위터 공간에서의 이슈로 부상시켰다. 촛불집회를 앞두고 트위터를 통해 집회 참여를 독려하던 이들은 실제로 6월 2일 촛불집회에 참석해 대학생들을 격려하는 다양한 활동을 벌였다.

이들은 트위터를 통해 '치킨-피자 배달', '책 읽는 시위', '립덥' Lip-Dub, 립싱크와 더빙을 합성한 말로 나오는 노래에 맞춰 연기를 하는 뮤직 비디오 형식 등을 알렸고, 촛불집회를 "일부 운동권 시위가 아닌 재미있는 문화적 행사"로 만들었다. 그 과정에서 반값등록금 집회는 세간의 관심을 모으는 사회적 관심사로 떠올랐다.

이러한 과정을 거친 반값등록금 촛불집회는 6월 10일 집회에서 수만 명의 시민과 학생이 참여하는 규모로 발전하게 된다. 주류 미디어의 외면 속에서 주목받지 못했던 촛불집회가 트위터를 통한 연대로 불과 열흘 만에 수만 명이 참여하는 대규모 집회로 발전하는 현상이 나타난 것이다.

당시 트위터에서 반값등록금 문제에 대한 관심은 통계를 통해서도 나타난다. 〈미디어오늘〉이 유저스토리랩에 의뢰해 5월 첫째 주부터 검색어 '등록금'과 기사 링크를 함께 포함한 리트윗 수를 분석한 결과, 1주차(437건)부터 2주차(294건), 3주차(513건)까지는 큰 변동이 없었다. 그러나 리트윗 수는 4주차(1,600건), 5

주차(4,144건)에 껑충 뛰었다. 4주차가 시작된 22일에 황우여 한나라당 원내대표는 '반값등록금' 추진을 밝혔고, 5주차가 시작된 29일에는 대학생 73명이 연행된 때였다.

이는 주류 미디어의 보도 태도와는 대비되는 현상이었다. 같은 시기에 신문과 방송에서는 이와 관련된 뉴스가 비중 있게 다루어지지 않았다. 〈미디어오늘〉이 5월 29일부터 6월 6일까지 지상파 3사의 저녁 메인 뉴스를 분석한 결과, KBS는 3건, MBC는 4건, SBS는 3건을 보도하는 데 그쳤다. 전국 단위의 아침신문에도 〈경향신문〉(25건), 〈한겨레〉(21건)만이 처음부터 1면 보도 등으로 '반값등록금' 이슈를 주요하게 제기했다. 〈중앙일보〉는 6월 3일, 〈조선일보〉는 6월 6일에야 '반값등록금' 관련 주요 분석 기사를 1면에 싣기 시작했다.

이 같은 주류 미디어의 외면 속에서도 트위터를 통해 반값등록금 문제는 정치사회적 의제로 부상하였고, 급기야 대규모 촛불집회로 이어지게 되었던 것이다. 2011년의 이 같은 경험은 촛불집회에서 온라인의 역할에 이어 이제 SNS의 역할이 더 중요하게 자리매김하는 변화를 보여주고 있다.

특히 2008년 촛불집회에서는 PC 앞에서 시청해야 하는 인터넷 TV를 통해 현장의 상황을 접할 수 있었지만, 2011년에는 모바일 기기를 통해 장소에 구애받지 않고 실시간으로 상황을 파악할 수 있게 되었다. 트위터와 페이스북에는 집회 현장의 사진과 소식들이 실시간으로 올라왔고, 현장에서의 TV 생중계를 스마트폰과 태블릿 PC를 통해 시청하는 변화가 생겨난 것이다.

청계광장에서 반값등록금 집회를 하던 대학생들은, 같은 시간 다른 대학생들이 청와대 인근에서 기습 시위를 하다가 경찰에 연행되는 장면을 스마트폰을 통해 시청할 수 있었다. 이제는 관심을 끄는 집회가 있으면, 그 상황이 아프리카 TV 등을 통해 인터넷과 모바일을 통해 생중계되는 것은 일상적인 일이 되고 있다.

이러한 변화 속에서는 집회 참가자 수를 오프라인 공간에서만 헤아리는 과거의 방식이 의미를 크게 상실한다. PC뿐 아니라 모바일을 통해 촛불집회의 현장을 공유하는 이용자들 역시 집회에 참여한 것과 다를 바 없는 상황이 되기 때문이다.

관심을 모으는 집회의 경우는 인터넷과 모바일 시청자가 수만 명에 이르는 경우도 있다. 따라서 이제는 어떤 집회의 파급력을 과거처럼 현장 참석자 수 집계로만 말하는 것은 의미가 없다. 인터넷과 모바일 등으로 집회를 관심 있게 지켜본 시청자 수까지 합해야 그 파급력을 제대로 설명할 수 있는 세상이 된 것이다.

	이슈	주요 소통 도구	특징
2002년	여중생 사망사건	인터넷 카페	오프라인 조직의 선도
2008년	미국 쇠고기 협상	인터넷 카페, 아고라 블로그, 인터넷 TV	온라인 기반 자발적 참여
2011년	반값등록금 실현	트위터	트위터를 통한 네트워크

| 촛불집회의 진화 과정 |

　이상에서 보았듯이 촛불집회의 진화 과정은 초기의 온라인 민주주의가 소셜네트워크 민주주의 단계로 진화하는 과정과 맥을 같이하고 있다. 주목할 것은 SNS를 통한 소통과 여론 형성이 단지 그 공간 안에서만 머무르는 것이 아니라, 오프라인에서의 시민 행동으로 연결되는 단계로 발전하고 있다는 점이다.

3

18대 대선,
킹메이커는 SNS다

SNS가 선거에 미치는 영향력은 계속 확대되고 있다. 한국의 선거에서 인터넷의 영향력은 이미 2002년 대선을 통해 나타난 바 있다.

당시 노무현 후보는 보수 성향 주류 미디어들의 거친 공세 속에서도 인터넷을 통해 지지 여론을 결집하여 승리를 거두었다. 특히 정몽준 씨가 후보 단일화 파기 선언을 한 상황에서 선거 당일 인터넷과 휴대전화 문자를 통해 젊은 층이 막판에 결집했던 것은 중요 승리 요인으로 꼽힌다. 그래서 2002년 대선은 인터넷 여론이 조중동을 이긴 최초의 선거로 기록되고 있다.

그렇다면 2012년 치러질 대선에서는 어떨까?

SNS가 좌우하는 소셜선거

인터넷이 모든 선거를 좌우하는 만능은 아니다. 실제로 2007년 대선 당시에는 인터넷의 영향력이 생각보다 미미한 수준이었다. 이때는 이명박 후보와 정동영 후보 사이의 지지율 격차가 워낙 컸기 때문에 야당 지지층이 체념의 분위기에 젖어 있어 결집 자체가 이루어지기 어려운 환경에 기인했던 것으로 보인다. 이는 아무리 인터넷의 역할이 커졌다 해도 오프라인에서의 환경과 결합되지 않으면 그 영향력이 효과적으로 살아날 수 없음을 말해 준다.

그러나 2007년 대선과 2008년 총선에서 침체되었던 온라인의 영향력은 2008년 촛불집회를 거치면서 다시 살아나게 되었고, 그 이후 2010년 6·2지방선거부터는 SNS의 역할이 눈에 띄게 나타난다.

천안함 사고 조사 결과 발표에 따른 북풍北風에도 불구하고 트위터를 비롯한 SNS에서는 이에 대한 역풍이 강하게 불어 6·2지방선거의 판세를 급변시켰다. 정부의 천안함 침몰 진상조사 결과를 놓고 SNS를 통해 수많은 의문들이 계속 제기되었고, 그 영향을 받아 국민 여론도 정부의 발표를 크게 신뢰하지 않는 분위기가 되었다. 그런가 하면 선거 쟁점이었던 무상급식, 4대강 사업에 대해서도 진보적 의견들이 SNS를 통해 전파되면서 야당의

'정권심판론'이 힘을 얻는 판세로 변화해 갔다. 또한 유명 트위터리안들은 트위터를 통해 '인증샷'으로 불리는 투표 참여 캠페인을 전개했고, 이는 젊은 층을 투표장으로 이끌어내는 효과를 거두어 결과적으로 야당이 승리하는 데 큰 역할을 한 것으로 평가되었다.

이어 2011년의 4·27 재보선 역시 'SNS 선거'라고 불릴 만큼 SNS가 선거 결과에 커다란 영향을 주었다. 당시 〈중앙일보〉가 데이터 분석 업체인 트렌드시크에 의뢰해 선거 7일 전인 20일부터 27일까지 트위터에 오른 글 2,400만 건을 분석한 결과, 선거 당일 '투표'라는 단어를 포함한 글이 폭증한 것으로 나타났다. 선거를 나흘 앞둔 23일엔 '투표'가 들어간 글이 2,846건이었지만 선거 당일에는 1만5,063건으로 5.3배나 증가한 것이다.

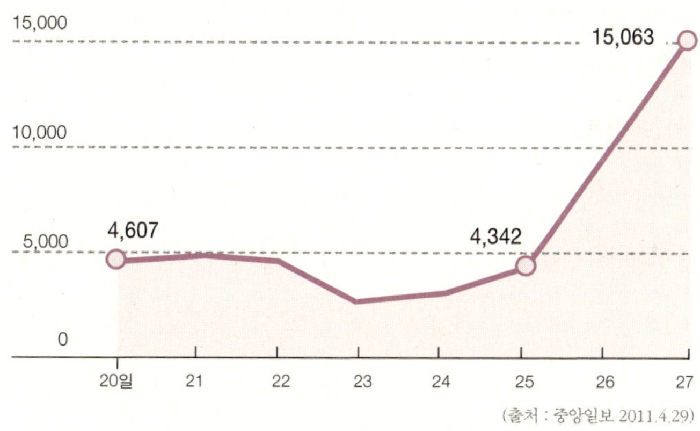

| 4·27 재보선 당시 '투표'가 포함된 트위터의 글 수 |

‘투표’란 단어 외에도 조사 기간 동안 트위터 상에는 ‘독려’(5,688건), ‘참여’(3,423건), ‘투표 참여’(1,178건), ‘인증샷’(1,171건), ‘투표용지’(820건) 등 선거와 관련된 단어가 담긴 글이 3만7,605건이나 쏟아졌다. 이들까지 포함하면 투표 독려와 관련된 트윗은 무려 8만6,988건이나 된다. 이 같은 수치는 4·27 재보선에서 트위터를 통해 투표 독려가 적극적으로 이루어졌다는 진단을 통계적으로 입증하는 것이라 할 수 있다.

서울대 장덕진 교수는 〈한겨레〉 2011년 5월 27일자에 분당 을 선거에서 트위터 멘션 수의 변화에 따른 손학규 민주당 후보와 강재섭 한나라당 후보의 득표율 변화 추이를 분석해 발표했는데, 이에 따르면 손학규 후보의 시간대별 득표율은 트위터 이용자들이 멘션을 많이 남길수록 증가하고 멘션을 적게 남길수록 떨어지는 경향을 보였다. 반면, 강재섭 후보의 시간대별 득표 수 증감율은 트위터 멘션 수 변화와 별 상관관계가 없었다.

이러한 분석들은 분당 을 선거에서 트윗의 추이가 투표율과 후보 득표율에 영향을 주었다는 견해를 뒷받침해 준다. 당시 분당 을 선거에서 패한 강재섭 후보는 “내년 총선, 대선 때도 한나라당은 SNS를 조심해야 한다. 투표 종료 1~2시간 전에 SNS가 젊은이들을 투표장에 줄 세우는 일이 반복될 것”이라며 자신의 패인이 SNS에 있었음을 토로하기도 했다. 〈뉴시스 아이즈〉 2011년 5월 23일자

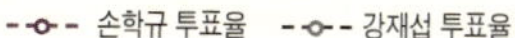

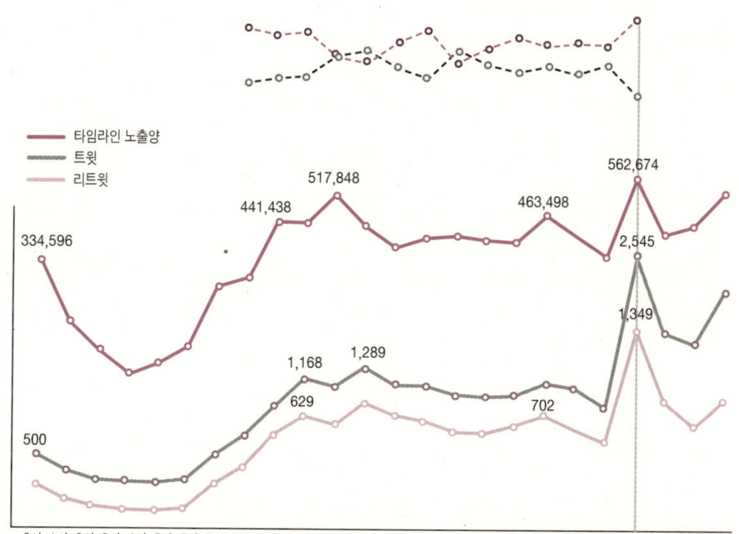

| 4·27 재보선 당시 시간대별 트윗 추이와 분당을 득표율 변화 |

이 같은 소셜선거의 추세는 2011년 10·26 서울시장 보궐선거에서 더욱 강화되는 양상으로 나타났다. 4·27 재보선 당시 주요 후보들의 트윗 횟수가 10만 건 수준이었던 반면, 10·26 재보선에서는 100만 건을 육박했다. 선거 기간 동안 1억 건, 선거 당일에만 23만 건 이상의 트윗이 노출되었다는 것이다.

'트위터와 서울시장 재보선의 상관관계'를 분석한 유저스토리랩의 김봉간 기획팀장은 〈미디어오늘〉 10월 28일자를 통해 "트위터가 지지 후보까지 바꾸지는 못해도 여론의 흐름을 주도하고 선거에 무관심했던 20대를 투표장으로 끌어내는 데 결정적인 역할을 했다는 점은 분명하다"고 결론 내리고 있다.

트위터에서의 선거에 대한 폭발적인 관심의 영향으로 10·26 재보선에서 젊은 층의 투표율이 올라갔고, 이는 박원순 후보의 승리로 이어졌다는 얘기이다. 실제로 서울시장 보궐선거에서 SNS가 투표율을 높이는 결정적 역할을 했다는 사실이 입증되었다.

〈한겨레〉가 포털사이트 다음과 함께 선거 당일 트위터, 미투데이 등 SNS에서 선거 관련 키워드가 들어 있는 게시물의 시간대별 추이를 조사한 결과를 보면 당일 오후 4시 30분 이후 관련 게시물이 급증한 것으로 밝혀졌다. 이들 SNS에서 '10·26재보선', '서울시장', '나경원', '박원순'이 들어 있는 게시물은 이날 오후 3시 30분부터 4시까지는 1,216건이었으나, 1시간 뒤인 4시 30분부터 5시까지는 2,843건으로 2배 넘게 늘어났다. 증가 추세는 투표 종료를 앞둔 오후 7시까지 이어졌으며, 오후 8시 이후엔 출구조사 결과 확인을 위한 수요가 포함되며 더 늘어났다.

선거 당일 오후 4시경 박원순 후보 측은 "오후 4시 현재 상황에서 나경원 후보에게 박빙이지만 밀리고 있는 비상 상황"이라며 "지금 투표를 독려하지 않으면 상황이 어려워질 수 있다"

고 비상 메시지를 내보냈다. 이는 트위터를 통해 빠르게 확산되었다. 박원순 후보 측의 비상 메시지를 담은 〈위키트리〉의 기사 '박원순 캠프 긴급 브리핑 전문'은 트위터 이용자들에 의한 리트윗 등으로 이날 오후 296만 번이나 사용자들에게 노출되며 빠르게 확산되었다고 〈한겨레〉는 보도했다. 그래서 오후 3시까지는 분당을 보궐선거 때의 투표율보다 낮았던 서울시장 보궐선거 투표율이 오후 7시를 지나면서 분당을의 투표율을 앞서게 되었다. 결국 선거 기간 동안의 폭발적인 트윗, 그리고 선거 당일 트위터를 통한 투표 참여 캠페인이 젊은 층의 투표율을 높여 박원순 후보의 승리를 이끌어낸 것이다.

물론 모든 선거가 다 SNS가 승부를 가르는 소셜선거가 되었던 것은 아니다. 여당의 승리로 끝난 2012년 4·11 총선의 경우 SNS의 영향력은 제한적이었던 것으로 평가받고 있다.

SNS의 영향력은 지역별·세대별로 차이를 드러낼 수밖에 없는데, 그 간격이 극적으로 표출된 것이 바로 4·11 총선이었다. 4·11 총선에서 SNS의 영향력에 대한 평가는 뒷장에서 따로 다루도록 하겠다.

SNS 경쟁력이 당락을 좌우한다

SNS에서의 여론이 이용자들의 정치적 태도나 선택을 얼마나 바꾸었는지에 대한 경험적 조사는 아직 없다. 하지만 이용자들의 투표 참여율을 높임으로써 진보적인 정치 세력에게 유리한 선거 결과를 낳고 있다는 사실은 경험적으로 입증되고 있다. 그만큼 SNS 여론이 최소한 이용자들의 정치적 선택 혹은 심판 의지를 강화시키고 있는 것은 분명해 보인다.

이처럼 선거에서 SNS의 영향력이 갈수록 커짐에 따라 새로운 소셜서비스들도 속속 선보이고 있다. 4·11 총선에서 포털들의 총선 서비스도 SNS의 영향력이 크게 확대되었다.

대표적으로 네이버와 다음은 각각 '이슈 히스토리'와 'SNS 맵' 서비스를 제공했다. 네이버의 이슈 히스토리는 트위터에 가장 많이 올라온 단어들을 시간대별로 파악할 수 있도록 했고, 다음의 SNS 맵은 역시 트위터에 가장 많이 올라온 후보자의 이름을 실시간으로 제공했다.

이용자들은 이 같은 서비스를 통해 SNS상에서의 쟁점들을 실시간으로 파악할 수 있는 효과를 거두었다. 이는 SNS가 실시간으로 정보를 공유함으로써 올드미디어가 갖는 시간적 제약을 넘어설 수 있는 강점임을 보여줬다. SNS 여론에서의 쟁점들은 더욱 신속하고 광범하게 공유될 수 있었고, 포털들의 총선 서비스에서 SNS의 역할 강화는 소셜선거로의 전환이라는 추세에 부응하는 새로운 시도들이었던 것으로 평가된다.

SNS가 선거에 미치는 영향력에 대해서는 단지 진보적인 정치 세력뿐만 아니라 보수적인 정치 세력까지도 현실로 인정하는 모습이다. 그래서 선거 때만 되면 여야 불문하고 SNS 대책의 중요성을 거론한다.

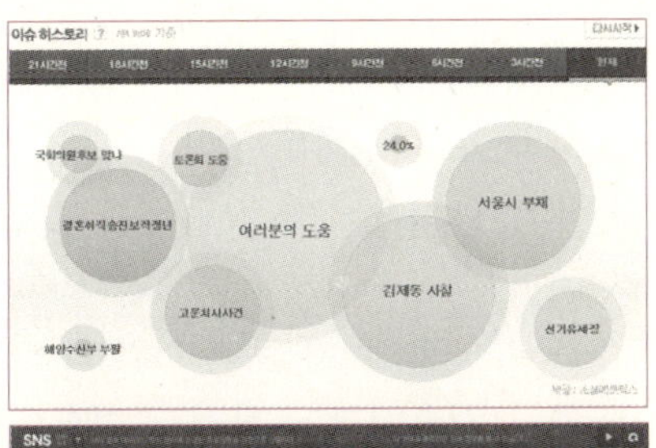
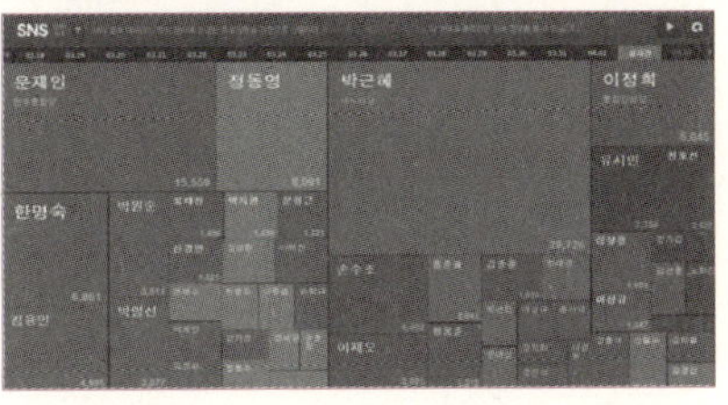

| 네이버의 이슈 히스토리와 다음의 SNS 맵 |

그런데 이 같은 SNS의 중요성이 막상 반복되는 공염불에 그치는 경우가 많다. 대책이 필요한 것은 알지만, 막상 이를 실행할 주체들의 한계가 그대로 존재하고 있기 때문이다.

결국 SNS 경쟁력의 차이가 주요 선거에서의 승패를 좌우하는 경우가 늘어나고 있다. 정당이나 후보의 경쟁력 같은 다른 조건들이 엇비슷하다고 했을 때, 선거 결과는 누가 SNS 대결에서 승리하느냐에 따라 결판이 날 가능성이 높아졌다. SNS 대응력에서 뒤처지고 있는 보수 정치 세력이 늘 고민은 하면서도 해법을 찾지 못하는 것이 바로 이 대목이다.

2012년의 18대 대통령 선거가 소셜선거가 될 것이라는 전망은 이제 누구도 부인하지 않는 명제가 되었다. 18대 대선에서는 과연 SNS 여론이 표심을 선도하여 한국 정치 사상 최초로 SNS의 힘에 기반한 정권이 탄생할 것인가. 이는 12월 대선을 보는 또 하나의 흥미로운 관전 포인트이다.

4 · 11 총선은
소셜선거의 패배인가?

2012년에 치러지는 양대 선거가 소셜선거가 되리라던 전망과는 달리, 4·11 총선에서 SNS의 영향력은 한계를 드러냈다. 파워 트위터리안들은 투표율이 70%를 넘으면 자신이 무엇 무엇을 하겠다는 투표 독려 캠페인까지 트위터 공간에서 벌였지만, 결국 투표율은 54.3%에 머무르고 말았다.

낮은 투표율은 선거 결과에도 그대로 반영되었다. 4·11 총선이 소셜선거가 되었다면 SNS에서 우위를 차지하고 있는 야당 세력이 승리해야 맞겠지만, 결과는 반대였다. SNS에서 여전히 열세를 면치 못하고 있는 여당 세력이 예상을 뒤엎고 승리를 거둔 것이다. 과연 무엇이 문제였을까.

SNS 영향력, 수도권 - 비수도권의 격차

선거 결과만 놓고 본다면, 4·11 총선은 당초 예상과 달리 소셜선거가 되지 못했다는 얘기가 된다. 내가 앞에서 전망했던 소셜선거의 가능성 역시 잘못된 내용이 되어버린다.

그렇다면 어째서 4·11 총선에서는 SNS가 승리를 거두지 못한 것일까. SNS의 여론과는 다른 오프라인의 여론이 나타나고, 그로 인해 SNS 여론이 패배한 결과였을까? 이에 대한 답을 찾는 노력은 12월 대선에서 SNS의 운영 전략을 전망하는 데 매우 중요한 단서를 제공할 것이다.

우선 4·11 총선에서 SNS의 영향력이 퇴조했다는 근거부터 살펴보자. 이는 기본적으로 SNS에서 그동안 우위를 점해 온 야당이 패배하고 여당이 승리했다는 결과에서 그러한 해석이 가능하다. 2011년 재보선처럼 SNS가 맹위를 떨치는 선거가 되었다면 그 연장선상에서 야당이 승리를 거두었을 가능성이 크기 때문이다.

그렇다면 4·11 총선에서 SNS의 영향력은 어느 정도였을까? 여기서 SNS의 영향력을 전국적인 단위에서 분석하는 것은 범위가 너무 크기 때문에 오히려 의미가 없어질 수 있다. 따라서 수도권과 비수도권 지역을 나누어 살펴볼 필요가 있다.

4·11 총선의 결과는 여촌야도라는 특징을 보여주었다. 수도

권을 비롯한 대도시에서는 야당이 강세를 보이고, 농촌 지역 등의 소도시에서는 여당이 강세를 보였다.

이 여촌야도는 과거 시대의 선거 패러다임이었다. 그런데 지금에 와서 다시 여촌야도 현상이 나타난 것은 다른 많은 복합적 요인을 감안하더라도 SNS의 사용 비율에 대한 지역 간 격차의 반영이 작용한 것으로 보인다. SNS 사용자가 많은 대도시에서는 야당이 우세하고, SNS 사용자가 적은 소도시에서는 여당이 우세한 선거 결과가 이를 말해 주고 있다.

4·11 총선에서 야당은 전국적으로는 패배했지만, 수도권에서는 승리를 거두었다. 블로터닷넷www.bloter.net과 그루터www.gruter.com가 2009년 4월 1일부터 2011년 7월 31일까지 한국어 트위터 사용자를 조사한 결과, 서울에서 45.4%, 경기에서 21.57%, 인천에서 4.84% 등 사용자의 71.81%가 수도권에서 트윗을 하고 있는 것으로 나타났다. 따라서 SNS 사용자가 많은 수도권에서는 야당이, SNS 사용자가 적은 비수도권에서는 여당이 승리하는 선거가 되었던 것이다.

이렇게 보면 선거에서 SNS의 영향력은 수도권과 비수도권을 나누어서 봐야 한다는 얘기가 성립된다. 이를 주의 깊게 나눠 보지 않고 전국적인 차원에서만 소셜선거를 운운하다 보니 결국 현실과는 괴리가 발생하는 분석 결과를 낳았던 것이다.

SNS의 영향에 따라 투표율이 상승하고 특히 젊은 층의 투표 참여가 대대적으로 일어났던 2011년 분당을 보궐선거나 서울시장 보궐선거는 모두 SNS 사용자가 많은 수도권에서 치러진 선거였다. 당시 두 선거가 소셜선거로서의 특징을 강력하게 보여주며 야당의 승리로 끝났기에 그 기억은 소셜선거에 대한 전국적인 기대로 연결되었다. 소셜선거에 대한 기대가 막연했던 것이다.

그러나 4·11 총선의 결과는 SNS의 영향력에 있어서 수도권과 비수도권의 격차를 그대로 보여주었다. 민주통합당 후보로 부산 북강서을에서 낙선한 문성근은 선거가 끝난 뒤 "서울·수도권에 비해 부산 지역에는 인터넷 팟캐스트 방송 '나는 꼼수다'를 듣는 청취자가 적어 젊은 층의 표심을 잡지 못했다"고 말했는데, 이는 앞의 얘기와 일맥상통하는 부분이다. 4·11 총선의 이러한 경험을 놓고 볼 때 12월 대선에서의 SNS 전략은 수도권과 비수도권의 차이를 고려하여 보다 섬세하게 세워질 필요가 있다.

SNS는 그들만의 리그인가?

4·11 총선에서 SNS의 영향력이 파괴력을 갖지 못했던 또 하나의 원인은 SNS에서의 여론이 오프라인에서의 여론과 괴리되

는 현상을 들 수 있다.

이전에도 온라인의 여론은 오프라인의 여론보다 더 진보적인 흐름을 보여주는 특징이 있어 왔다. 그럼에도 온라인의 여론은 오프라인의 여론을 선도하는 모습을 보여주곤 했다. 2002년 대선에서 노풍이 불었을 때, 2011년 4·27 재보선에서 천안함 관련 북풍에 대한 역풍이 불었던 때, 이어 10·26 서울시장 보궐선거에서 박원순 시장이 승리했을 때 등 무수한 사례들을 들 수 있다. 그런데 지난 4·11 총선에서는 오프라인의 여론이 온라인의 여론을 따라오지 않았다. 오프라인의 여론은 온라인의 여론을 거부하며 양자 간의 괴리를 그대로 드러내보였다.

SNS에서는 김용민의 막말 비판에 대해 그를 옹호하는 흐름이 강력했다. 8년 전의 발언을 갖고 문제 삼을 수 없다는 의견부터, 새누리당에도 문대성 같은 논문 표절 후보가 있는데 왜 김용민만 문제 삼느냐는 반론, 그리고 나꼼수에 대한 보수 세력의 공세에 불과하다는 주장에 이르기까지 김용민을 위한 지원 사격이 이어졌다.

그러나 SNS 공간에서 이루어진 이 같은 정면 돌파 여론에 대해 오프라인의 여론은 결코 호의적이지 않았다. 오프라인의 여론이 이전처럼 SNS 여론을 쫓아가기는 고사하고, 거꾸로 반발하며 야당 반대표로 결집하는 현상이 나타났다.

이러한 경험은 SNS 여론이 가질 수 있는 양 측면을 보여준다. 즉, SNS 여론은 오프라인의 여론을 선도하는 여론 주도 공간이 될 수 있기도 하고, 반대로 오프라인 여론과는 괴리된 그들만의 폐쇄적 공간이 될 수도 있다는 것이다. 여기서 후자의 측면이 부각될 경우, SNS가 소통의 공간이 아닌 일방적 주장의 관철 공간으로 변질될 위험이 있음을 4·11 총선은 보여주었다.

물론 선거 때가 되면 트위터 등에서 당파성이 강한 정치적 주장들이 수없이 분출되는 것은 어제 오늘의 일이 아니다. 그런데 시간이 지날수록 트위터에서는 쌍방향 소통보다는 자기 주장을 일방적으로 관철하려는 경향이 짙어지고 있다.

4·11 총선 과정에서 전체 트윗량은 10·26 재보선에 비해 5배가량 늘어났지만 의견을 올린 이용자 수가 늘어난 것은 2배에 머무른 것으로 파악된다.〈경향신문〉 2012년 4월 17일자 전체 트윗량이나 리트윗이 늘어나는 것에 비해, 의견을 올리는 이용자 수가 늘어나는 것은 그에 못 미친다는 얘기다. 이는 결국 트위터 인구가 늘어나는 만큼 많은 이용자들이 자신들의 다양한 의견을 올리는 것이 아니라, 의견을 올리는 정해진 사람들의 글이 반복해서 리트윗되는 경향이 강해지고 있다는 것을 의미한다.

이러한 현상은 트위터가 다양한 의견들을 주고받는 소통의 공간으로서의 역할을 하는 것이 아니라, 자칫 정치적 주장이 같은 이용자들끼리 자신들의 입장을 확인하거나 관철하려는 공간으로 닫혀버리는 위험을 드러낸다. 실제로 정치적 의견이 다른 이용자에 대한 적대적 멘션들이 난무하는 현상은 갈수록 심해지고 있고, 파워 트위터리안들의 주장에 대한 리트윗의 비중은 커지고 있다. 이런 방식으로는 SNS에서의 소통을 통해 생각이 다른 사람들과 공감대를 형성하거나 설득하는 일은 현실화되기 어렵다. 다양한 사람들의 소통의 광장이어야 할 SNS가 그들만의 리그가 되어버리고 마는 것이다. 이러한 모습이 심해질 경우 트위터 등의 공간은 쌍방향적 특성을 상실하고 올드미디어가 보여주었던 일방적 전달을 재현할 위험마저 있다.

4·11 총선 과정에서는 이전부터 제기되어 왔던 이러한 우려들이 단지 기우가 아니라 현실적인 문제임을 보여주는 장면들이 많이 드러났다. 그 결과 트위터는 여론 형성에 있어서 더 이상 확장성을 갖지 못한 채 생각이 같은 사람들끼리 결의대회나 하는 식의 모습을 보여주었다.

이러한 SNS 운영 방식은 그 영향력을 스스로 반감시키는 우를 범하는 것이다. SNS가 그저 정치적 입장이 같은 사람들끼리 자신들의 생각이 같음을 확인하는 공간에 머무른다면 그 실질적 효과가 무엇인지 의문이 들 수밖에 없다. 우리가 SNS가 여론 형성을 주도할 수 있다고 말하는 것은, 반대의 생각을 가진 사람들의 생각은 바꾸지 못할지언정, 중간 지대에 있는 사람들과의 소통을 통해 설득의 효과를 가져오는 데 대한 가능성을 알고 있기 때문이다. 그런데 우리는 SNS를 하면서 과연 소통하고 있는지, 혹 생각이 다른 사람은 발을 붙이지 못할 정도로 몰아붙이는 살벌한 투쟁의 공간으로 삼고 있는 것은 아닌지 돌아볼 일이다.

나는 이 책에서 SNS 시대가 낳고 있는 거대한 변화의 흐름에 큰 의미를 부여했다. 그러나 그러한 나의 시각이 SNS 문화의 모든 것에 대해 기계적으로 해당되는 것은 아니다. 나의 SNS 찬미는 어디까지나 SNS가 진정한 소통의 역할을 한다는 전제 위에서 성립하는 것이다. 그렇지 못한 SNS 문화가 있다면 그것을 바로잡는 것도 우리의 몫이다.

소셜선거는 아직 끝나지 않았다

4·11 총선에서 SNS의 영향력이 기대에 못 미쳤다고 해서 소셜선거로 가는 추세가 달라지는 것은 아니다. 이는 정치적인 문제이기 전에 모바일혁명과 SNS 인구의 급증에 따르는 큰 흐름이다. 지역과 세대에 따라 그 속도에 차이는 있겠지만, 4·11 총선 결과를 갖고 소셜선거의 퇴조를 말하는 것도 성급한 태도이다.

여당의 승리로 끝난 4·11 총선 결과에도 불구하고, 12월 대선은 소셜선거가 될 가능성이 여전히 높다. 전체 유권자 가운데 SNS 이용자가 차지하는 비율은 계속 증가하고 있으며, 그 비율은 선거 결과를 좌우하고도 남을 비중을 갖고 있다.

특히 대선은 총선과는 다른 환경에서 치러진다. 지역구마다 다른 선거가 치러지는 총선이야 단일한 이슈와 구도 속에서 치러지는 것이 아니지만, 대선은 전국적인 이슈와 구도 속에서 치러진다. 그만큼 응집력이 커지는 선거가 된다는 의미이다.

4·11 총선에서는 야당에게 실망한 나머지 야권 지지층 결집이 이완되었고 중도층이 지지를 철회했다. 그러나 12월 대선에서 야권에 새로운 기대를 낳을 변화가 있게 된다면 상황은 달라진다. 그렇다면 SNS는 다시 효과적인 선거 캠페인이 가능해지는 공간으로 회복될 수 있을 것이다. 다만 지역 간, 세대 간 격차에 따른 차별적인 선거 전략을 어떻게 세우느냐가 실질적으로 중요한 숙제이다. 이는 단순히 SNS 전략 차원의 문제를 넘어서 전체 선거 전략을 보다 정교하게 짜는 문제가 될 것이다.

4·11 총선 결과는 12월 대선을 앞두고 소셜선거의 가능성을 줄인 것으로 해석될 것이 아니라, SNS를 통해 적극적 성과를 내기 위해 효과적인 전략과 방법이 필요함을 일깨워준 것으로 해석하는 것이 맞다.

5

SNS는 떴다방이 아니다

선거 때만 되면 SNS에 등장하는 풍경이 있다. 후보로 출마하려는 정치인들이 선거를 앞두고 너도나도 SNS 계정을 만들고 뛰어드는 모습이 그것이다. 6·2 지방선거 때도 그러하더니 4·11 총선에서도 그러했다. 트위터나 페이스북에 보이지 않던 정치인들이 어느 날 갑자기 나타나는 것이다.

내 경우도 그러했다. 선거철만 되면 트위터나 페이스북에서 친구맺기를 요청해 오는 정치인들이 갑자기 많아지곤 했다. 대부분이 후보로 나서려는 사람들이었다. 물론 선거에 후보로 나서려는 정치인이 SNS를 시작해서 이를 선거에 활용하려는 것을 뭐라 할 이유는 없다. 오히려 격려하고 도와줘야 할 일이다. 이왕 선거에 나선 김에 그것을 계기로 SNS 세계에 발을 딛고 많은 사람들과 소통하는 정치인이 된다면 얼마나 좋은 일인가.

선거 때만 반짝 나타나는 정치인들

그런데 문제는 그 가운데 상당수가 선거 때만 반짝 나타났다가 선거가 끝나면 사라지는 '떴다방'식 SNS를 한다는 점이다. 2011년 4·11 총선을 앞두고 새누리당은 SNS 활동지수를 공천 심사에 반영하기로 결정했었다. 그러자 공천 신청을 하려는 예비 후보들이 앞다투어 트위터 계정을 만들고 벼락치기 폭풍 트윗을 하는 현상이 생겨났다. 그리고 공천 심사가 끝나자 공천 탈락자들은 대부분 SNS에서 자취를 감추었다. 더 이상 트윗을 할 이유가 없었던 것이다. 그렇다고 본선에 나선 후보들이 SNS를 계속했느냐 하면 그것 역시 아니다.

여야를 막론하고 총선에 출마하려는 많은 후보들은 선거를 불과 두세 달 앞두고 트위터나 페이스북에 계정을 만들어 SNS를 시작했다. 그래서 선거운동 기간 동안에는 하루에 몇 차례씩 글을 올린다. 그러다가 선거에서 낙선하게 되면 대부분 자취를 감추어버린다. 그마나 당선이 되어 계속 SNS 운영이 필요하다고 느끼는 정치인들의 경우는 시간이 지난 뒤 다시 등장하지만, 낙선이라도 한 경우에는 아예 SNS에서 손을 떼는 모습이 일반적이었다.

4·11 총선 기간 동안 트위터에서 이 사람 저 사람 가리지 않고 무차별적인 폭로와 공격을 했던 강용석 후보는 낙선 직후인 4월 12일, "강용석입니다. 역부족이었습니다. 더욱 낮은 자세로 열심히 하겠습니다. 감사합니다"라는 마지막 글을 남겼다. 그 이후 그의 글은 트위터에서 더 이상 볼 수 없었다.

전여옥 후보도 마찬가지였다. 개표 윤곽이 드러나던 4월 11일 밤 "정당 지지표 결과는 새벽 2~3시에야 날 듯하다고 합니다."라는 마지막 트윗을 남기고 사라져버렸다. 역시 그 이후로는 트위터에서 그의 모습을 볼 수 없었다.

이 같은 모습은 여야를 불문하고 나타난 현상이었다. 글쎄, 선거에서 졌는데 무슨 SNS 할 맛이 나겠는가라고 이해해 줄 수도 있을 것이다. 하지만 SNS에 대한 잘못된 접근법인 것 같아 씁쓸한 기분은 지울 수가 없다. 이런 경우는 한결같이 오직 선거를 위해만 SNS를 했던 경우들이다. 그러니 선거가 끝나고 나면 더 이상 필요성을 느끼지 않고 문을 닫아버리는 것이다.

물론 반대의 경우도 있다. 민주당 김진애 의원이나 이계안 전 의원의 경우가 그러했다. 김진애 의원은 당내 경선에서 패배하여 정식 출마도 하지 못했다. 4대강 사업 공격수로 18대 국회 의정 활동에서 맹활약했던 그였지만 안타깝게도 본선 진출에는 실패하고 말았다. 그러나 그는 지금 이 순간도 변함없이 부지런히 트위터를 계속하고 있다.

이계안 전 의원도 두 번이나 서울시장 선거에 출마하려다가 야권 단일화 때문에 포기했던 비운의 정치인이었다. 4·11 총선에서 정몽준이라는 여당의 거물을 상대로 선전했지만 그 역시 낙선했다. 그럼에도 그는 트위터를 통한 소통을 변함없이 하고 있다.

이 두 정치인의 경우는 선거 이전부터 트위터를 비롯한 SNS 활동을 왕성하게 했던 사례들이다. 이른 아침 시간에 트위터를 들어가 보면 언제나 트위터 소통을 통해 하루를 시작하고 있는 김진애, 이계안의 모습을 볼 수 있었다. 이들에게 SNS는 선거를 위한 일시적 도구가 아니라 일상적인 소통의 장이었던 것이다. SNS 소통을 일상화하고 있는 정치인의 모범적 사례라 할 만하다.

그들이 SNS에 대해 모르고 있는 것들

다들 SNS 시대가 되었다니까, SNS가 선거에 도움이 된다고 하니까 많은 정치인들이 너도나도 SNS에 뛰어든다. 그러나 SNS에 대한 잘못된 발상과 태도는 SNS 공간에서 오히려 역반응을 낳을 위험마저 있다. 여기서 몇 가지 잘못된 태도들을 짚어보자.

첫째, SNS를 오직 눈앞의 정치적 목적을 위해서 시작하는 경우이다. 앞서 언급한 선거 출마용 SNS가 대표적인 사례이다.

후보가 선거에서 홍보 수단으로 SNS를 하는 경우, 사람들은 곧 그 목적을 알게 된다. 그가 올리는 내용이 대부분 선거에 관한 것이기 때문이다. 그런데 홍보라는 것은 그것이 홍보라는 사실을 사람들에게 알리는 순간 그 효과가 반감된다. 홍보의 효과가 극대화되는 것은 그것이 홍보인지 아닌지를 사람들이 모르게, 목적을 앞세우지 않고 자연스럽게 다가갈 때이다. 따라서 누가 봐도 선거 홍보의 목적이 분명한 SNS를 통해 큰 호응을 얻기는 어렵다. 물론 그 정치인에 대해 이미 적극적으로 지지하고 있는 사람들이야 친구관계를 맺으면서 지지를 표하겠지만, 그렇지 않은 사람들의 경우는 그리 매력을 느끼지 못한 채 등을 돌리는 경우가 많다.

그래서 SNS는 하려면 일찍 해야 한다. 자기가 장차 선거에 나가 유권자들의 선택을 받겠다는 계획이 있는 사람이라면 선거를 코앞에 두고서야 SNS를 시작하는, 누가 봐도 정치적 목적이 뚜렷한 태도를 보이지 말고 훨씬 일찍부터 SNS를 하는 것이 바람직하다. 물론 그 경우 단지 선거 목적에서 벗어나, 정치에 뜻을 두고 있는 사람으로서 많은 사람과 폭넓은 소통을 하겠다는 마음을 갖고 시작해야 한다. 그렇게 해야 SNS 공간에 있는 사람들이 피해 가지 않고 환영해 주는 운영자가 될 수 있다.

둘째, SNS는 지속적으로 꾸준히 하는 것이 중요하다. SNS를 시작한 정치인들을 보면 자기가 필요하고 아쉬울 때만 SNS를 하는 경우가 많다. 선거에 출마할 때라든가 당내 경선 같은 데 나설 때, 자기를 홍보하고 선거 운동을 하기 위해서 하는 것이다. 그러다가 아쉬운 상황이 지나가면 뜸해진다. 꼭 그런 경우가 아니더라도 지속적으로 하지 못하는 정치인들을 많이 보게 된다. 좀 하는 것 같다가도 바빠지거나 사정이 생기면 SNS를 등한히 했다가, 다시 생각나면 SNS에 들어오는 들쑥날쑥형 정치인들이 적지 않다.

새누리당 박근혜 전 위원장도 이런 경우이다. 그는 17만 명이 넘는 많은 팔로워들이 있으나 막상 트위터 글쓰기는 대단히 드물게 이루어진다. 대체로 일주일에 글 한 개 정도이다. 물론 안 하는 것보다야 낫지만, 이 정도의 빈도로는 그 많은 팔로워들과 소통을 한다고 말하기가 어렵다.

이런 식으로 SNS를 하면 그 성과가 축적되기가 어렵다. 우선 사람들이 기억하는 SNS 친구가 되기 어렵고, 친구들도 생각처럼 늘어나지 않는다. SNS를 하는 것도 아니고, 안 하는 것도 아닌, 이도저도 아닌 모습이 되어버린다. 기왕에 하려면 SNS를 정치에 활용할 줄 아는 정치인이라는 소리를 들어야 의미도 있고 보람도 있으며 효과도 있을 것이다. 그러려면 꾸준히 해야 한다. 비가 오나 눈이 오나, 아침이나 밤이나, 틈틈이 시간이 날 때면 SNS에 들어가 친구들과 소통하는 부지런함이 필요하다. 자기가 필요할 때만 SNS를 하는 모습으로는 그 동네에서 믿을 만한 친구로 대접받기 어렵다.

마지막으로, SNS에서는 쌍방향 소통을 해야 한다. 쌍방향 소통은 웹1.0 시대의 일방향 소통을 넘어선 SNS의 기본 정신이다. SNS의 효과는 바로 이 쌍방향 소통을 통해 비로소 발휘된다. 내가 하고 싶은 말만 하는 것이 아니라 상대의 얘기도 들으며 주고받아야 소통이라 할 수 있는 것이고, 굳이 SNS를 하는 의미도 살아날 수 있다.

SNS는 기자실이 아니다

아직도 상당수 정치인들은 SNS를 하면서도 일방향 소통에 머무르는 모습을 보여준다. 들어와서 자기가 하고 싶은 얘기만 던져놓고는 사라져버린다. SNS를 보도자료나 뿌리는 정당 기자실 정도로 생각하는 모습이다.

비단 정치인들만 그런 것이 아니다. 내가 경험한 바로는 여러 지방자치단체들의 SNS 운영도 그러했다. 트위터 팔로워 신청을 해서 나도 맞팔을 했더니 그 다음부터 보도자료성 내용이 계속 오는 것이었다. 언제 무슨 행사를 한다, 시장의 동정이 어떠하다…. 마치 내가 기자실 지킴이라도 된 기분이었다. 그들은 도구만 트위터를 사용했지 웹1.0 시대의 홍보 방식을 그대로 유지하고 있었다. 나는 지금도 그런 식으로 SNS를 운영하는 정치인이나 기관들을 발견하게 되면 친구관계를 끊어버리곤 한다. 그런 운영자들은 쌍방향 소통을 기본 정신으로 하는 SNS 세상에서 대접받을 이유가 없다고 생각하기 때문이다.

SNS는 정치적 필요에 따라 반짝 나타났다가 자기의 목적을 이루면 소리 소문도 없이 사라져버리는 떴다방과 같은 세상이 아니다. 자기의 친구들과 성실하고 꾸준한 대화를 해 나가는 쌍방향 소통의 공간이다. 그럴 의사를 갖고 있는 사람만 SNS로 오시라!

Part 4

보수는 왜 SNS를 두려워하는가

대한민국 보수는 SNS 시대의 전개라는 거대한 변화에 여전히 둔감한 모습이다. 그들은 종종 SNS를 적대시하며 이와 대결하려는 시대착오적인 모습을 보여왔다. 미디어 환경의 변화를 읽지 못한 채 종편채널을 출범시키는 정책 실패를 범했다. 이들 권력의 낡은 사고로는 세상의 빠른 변화를 쫓아가기 어렵다.

1

보수는 왜 SNS를 못할까?

"내년 총선, 대선 때도 한나라당은 SNS를 조심해야 한다. 투표 종료 1~2시간 전에 SNS가 젊은이들을 투표장에 줄 세우는 일이 반복될 것이다."

2011년 4월 분당을 보궐선거에서 민주당 손학규 후보에게 패배한 한나라당 강재섭 후보가 선거 패배 직후에 남긴 말이다. 그는 자신의 패인을 SNS 대결에서의 패배로 진단하는 데 주저하지 않았다.

단지 분당을 선거에서만의 일은 아니었다. 함께 치러진 강원도지사 선거, 같은 해 10월의 서울시장 보궐선거에서 한나라당이 패배한 것 모두 SNS에서의 패배라는 진단이 나왔다. 중요한 선거 때마다 보수적인 여당의 패인이 SNS에서의 패배 때문이었다는 진단이 반복되고 있는 것이다.

반대로 보수 여당이 SNS 대결에서 승리하여 선거에서 승리했다는 얘기는 들은 적이 없다. 4·11 총선에서 여당이 승리하긴 했지만, 그것은 SNS 대결에서의 승리라기보다는 야당의 정치적 자멸이 낳은 결과였다.

그래서일까? SNS는 진보적인 야당에게 유리한 것이고, 언제나 진보 혹은 야당 세력이 이기게 되어 있는 대결로 간주되고 있다.

진보는 태어날 때부터 SNS를 잘했나?

그렇다면 SNS가 진보나 야당에 유리한 이유는 무엇일까.

SNS라는 기술적 도구가 애당초 진보에게 유리하게 만들어진 것은 아닐 터이다. 진보적인 사람들이 태어날 때부터 SNS를 잘하도록 태어난 것도 아니다. 그런데 이상할 정도로 SNS에서 진보와 보수가 붙으면 진보가 이긴다. 그래서 SNS는 진보 쪽의 안방이라는 통념이 자리하고 있다.

물론 보수가 SNS를 안 하거나 그 필요성을 부정하고 있는 것은 아니다. 그들도 SNS의 중요성을 말하고 대책을 세운다. 그런데도 SNS 공간에서 보수는 언제나 열세이다.

영향력 있다고 하는 파워 트위터리안들은 한결같이 진보 성향의 인물들이다. 페이스북에서도, 블로그에서도 마찬가지이다. 아프리카 TV에서의 시사방송을 봐도 시청자가 많은 방송은 '망치부인', '커널 TV', '유창선의 시사난타' 같은 진보 성향의 방송들이다.

반면에 보수 쪽은 맥을 못 춘다. 이제는 보수 여당 정치인들 가운데서도 SNS를 하는 사람들이 많아졌지만, 그들의 친구 숫자는 진보 야당 정치인들에 비해 현격히 뒤지고 있다.

서울시장 선거가 있을 때 야권의 한명숙 후보나 박원순 후보는 '한명숙 TV'나 '박원순 TV'를 방송해 많은 시청자들을 모았다. 그러나 한나라당의 후보들은 그러한 엄두를 내지 못했다. 기껏 한두 번 해 보고는 시청자가 없으니까 그냥 접어버리곤 했다.

보수 언론의 불신 위에 성장한 SNS

왜 그럴까. 보수는 태어날 때부터 SNS에 둔감하게 태어난 것일까. 이는 개인만의 문제는 아닌 듯하다. 진보와 보수 사이에 존재하는 SNS 능력의 격차에는 구조적인 요인이 자리하고 있다. SNS의 환경 자체가 그러하다는 말이다.

우선 한국에서 SNS가 급성장한 배경을 이해하면 그 이유를 알 수 있다. 한국에서 SNS는 기존의 올드미디어에 대한 불신 위에서 성장하였다. 조중동으로 상징되는 보수 언론의 편파성과 불공정성에 대해 불만을 가진 많은 사람들이 대안 미디어로 생각하고 선택한 것이 바로 트위터나 페이스북, 블로그 같은 SNS였다. 그렇기 때문에 보수 언론에 비판적인 진보층이 SNS의 중심을 이루는 분위기가 형성되었던 것이다.

실제로 2011년 9월 한국광고주협회가 밀워드브라운 미디어리서치에 의뢰해 전국 성인 남녀 1만 명을 대상으로 'SNS 이용실태'를 조사한 결과, 국내 SNS 이용자 가운데는 진보적 성향이 보수적 성향보다 훨씬 많은 것으로 나타났다.

이 조사에 따르면 SNS 이용자의 정치적 성향별 분포는 진보(45.2%), 중도(43.4%), 보수(11.4%) 순이었다. 보수에 비해 진보 성향 이용자의 SNS 참여율이 4배가량 높은 셈이다. 또 진보주의자 중에서는 25.5%가 SNS를 이용하고 있는 반면, 보수주의자 중에서는 5.8%만 사용하고 있었다.

또한 이용자들을 연령대별로 나눠보면 20대가 58.2%로 절반을 넘었다. 이어 30대 27.8%, 40대 11.8%, 50대 이상 2.4%로 나타났다.〈한국경제〉 2011년 12월 31일자 상대적으로 진보 친화적이라 할 수 있는 20~30대 층이 고령층을 압도하고 있는 셈이다.

한 가지 재미있는 사실은 SNS를 하면서 진보 성향으로 변화하는 이용자들도 발견된다는 점이다. 권태형 박사의 박사학위

논문인 〈소셜네트워크서비스가 선거 유권자에게 미치는 영향에 관한 연구〉에 따르면 트위터 이용자의 37.6%가 트위터 이용 후 자신의 주관적 이념 성향이 바뀌었다고 답했고, 그중 84%는 진보 성향으로 변했다고 응답했다.

트위터 외의 SNS 사용자들도 비슷하게 나타났다. 트위터 이용자들 가운데 중도 및 보수 성향을 가진 사람은 조금씩 줄었고 (각 6%와 8%) 진보 성향은 이를 합친 만큼(14%) 늘어났다.〈경향신문〉 2012년 2월 21일자 SNS 공간에는 보수에 비해 진보 성향의 이용자들이 더 많이 참여하고 있으며, SNS를 이용하면서 보수에서 진보로 변화하는 층까지 생겨난 것이다. 한마디로 SNS를 하다가 세상에 눈뜨는 일들이 생겨나고 있는 것이다.

SNS에서 반복되는 보수의 패배

진보의 입장에서 보자면 SNS 공간은 이처럼 '물'이 좋은 곳이다. 이에 힘입어 진보 진영의 SNS 활용 능력은 보수 진영에 비해 상대적으로 우위를 누려왔다. 그동안 민주통합당, 통합진보당 등의 야당과 그에 속해 있는 정치인들은 여당인 새누리당에 비해 SNS 활용에 있어서 우위를 보여왔다.

이와 관련하여 홍보회사 미디컴이 정치인들의 트위터상 영향력을 분석한 결과도 이 같은 진단을 뒷받침해 주고 있다.

미디컴은 트위터를 사용하는 국회의원, 광역자치단체장, 유력 대선 후보 전체를 대상으로 분석한 결과 이정희, 천정배, 정동영, 안희정, 홍성욱, 박근혜, 유시민, 박지원, 권영길, 강기갑의 순으로 1위부터 10위까지 기록했다고 밝히고 있다. 이 조사에 따르면 트위터에서의 영향력은 진보가 보수보다 강하고, 영향력 순위 상위 20명 가운데 14명이 야권 인사로 나타났다.〈주간동아〉 2011년 6월 20일자

소셜 분석업체 그루터 분석 결과를 봐도 트위터에서는 진보 우위가 뚜렷하게 나타나고 있다. 2011년 11월 말 현재 정당별로 트위터를 이용한 국회의원 수는 새누리당(의석 169명) 118명, 민주당(87명·통합 이전) 53명, 자유선진당(17명) 6명, 민주노동당(6명·통합 이전) 5명이었다.

조사 결과를 보면 의석 수 대비 트위터 사용 비율은 여야가 비슷하다. 그러나 의원 1인당 작성한 트위터 글을 보면 큰 차이가 난다. 2011년 1~11월 중 의원 1인당 트위트 수는 민주노동당이 1,383개로 가장 많았다. 다음은 민주당 747개, 선진당 688개, 새누리당 292개 순이었다. 여당인 새누리당 의원들은 민주노동당 의원에 비해 5분의 1, 민주당에 비해서는 3분의 1밖에 글을 올리지 않은 셈이다.〈한국경제〉 2011년 12월 27일자 올린 글이 리트윗되어

확산되는 정도도 한나라당은 야당에 한참 뒤진 것으로 나타났다.

이처럼 SNS라는 기술은 태생적으로 중립적인 것이겠지만, 한국에서는 보수 세력보다는 진보 세력에게 더 영향력 있는 정치적 도구가 되고 있음을 확인할 수 있다.

보수의 역습이 간과하고 있는 것

그렇다고 SNS에서 보수가 뒤지는 현상을 전적으로 구조적 문제로 돌릴 수만은 없다. 거기에는 보수의 게으름, 무능력, 그리고 소통 마인드의 부재 같은 요인들이 복합적으로 작용하고 있다.

보수를 대변한다는 인사들이 SNS에 올리는 내용을 보면 단순, 무식, 과격의 행태를 발견하게 될 때가 많다. 보수를 폄하하기 위해 이런 말을 하는 것이 아니라, 정말 상대할 수 없는 욕설 혹은 일방적 주장을 늘어놓는 경우가 많다는 것이다.

보수는 애당초 소통이라는 것은 염두에 두지 않고 자신들이 하고 싶은 말만 하는 곳으로 SNS를 잘못 이해하고 있는 모습이다. 그런 자세로는 다른 사람들과 소통하여 공감을 넓혀가기보다는 오히려 보수에 대한 혐오만을 불러일으키게 되어 있다.

물론 같은 보수라 해도 정치인 같은 공인들의 경우는 다르다. 그들은 당연히 기본적인 예의를 지킨다. 그러나 역시 제대로 된 소통은 하지 못하는 경우가 대부분이다.

이들에게서 나타나는 공통적인 문제는 몇 가지가 있다.

첫째, 꾸준하거나 지속적으로 SNS를 하지 않고 자기 하고 싶을 때만 한다. 쉽게 말해 게으르며 악착같이 하지 않는다는 얘기이다. 지속적인 소통이야말로 SNS에서 공감대를 넓혀가는 전제임에도 보수 정치인들은 이를 소홀히 하고 있다. SNS를 생활의 친숙한 한 부분으로 생각하지 않고 숙제로 생각하니까 이런 모습이 생겨나는 것이다.

둘째, 쌍방향 소통에 익숙하지 못하다. 자기 주장은 많이 내놓지만, 다른 사람들의 의견에 귀 기울이거나 소통을 하는 모습에는 약하다. 그러다 보니 진정성이 없고 자기 필요에 의해서만 SNS를 운영한다는 불신의 시선을 받게 된다. 보수 정치인들도 근래 들어서는 SNS를 많이 하지만, 진정한 소통의 도구로 발전시키지는 못하고 있으며, 소통의 경쟁에서 뒤지는 모습을 드러내고 있는 것이다.

그런데 최근 들어 몇몇 보수 정치인이나 논객들이 SNS를 통해 적극적으로 이슈를 제기하는 모습을 보여 눈길을 끌고 있다. 그러한 인물들로 강용석, 전여옥, 조갑제, 변희재, 강재천 등을 들 수 있다. 이들은 자신의 트위터, 페이스북, 블로그 등을 통해 진보를 공격하거나 폭로하며 이슈를 만들어가는 적극적인 자세를 보여왔다. 그리하여 4·11 총선에서는 그동안 일방적 수세를 보였던 보수 트위터리안들이 그래도 적극적인 발언권을 행사했다는 평가가 나오기도 한다.

이들은 SNS가 진보의 판이며 그곳에서의 이슈는 언제나 진보가 만들어간다는 통념에서 벗어나 공세적인 이슈 메이커 역할을 해 왔다. 특히 강용석 같은 경우는 한동안 트위터를 통해 안철수, 박원순 등의 여러 인사들에 대한 무차별적 폭로를 하고 이를 이슈로 끌어올리는 데 성공하기도 했다. 그리고 이들 보수 인사들끼리 리트윗해 주거나 관심을 표하며 이슈 만들기에 협력하는 모습을 보여주기도 했다.

그러나 이들의 역습은 그 요란함에 비해서 공감의 폭을 넓히는 데는 실패했다. 이들의 트위터 글에 찬동하며 리트윗을 하는 사람들은 서로 겹치는 경우가 많은 것으로 나타나고 있으며, 오히려 반대 의견이 많이 제기되는 과정에서 일시적 이슈로 떠오른 경우가 많다.

결국 오프라인에서든, 온라인에서든, SNS에서든, 진정성 있고 좋은 콘텐츠가 있어야 많은 사람들의 공감을 얻을 수 있고, 그것이 SNS 경쟁에서 이길 수 있는 왕도라는 사실. 대한민국 보수가 '10만 팔로워 양병론'을 주장하기에 앞서 진정으로 되새겨야 할 것은 바로 이 대목이 아닐까.

2
보수의 한계,
종편채널의 실패

조선일보가 만든 종합편성채널 TV조선은 자신들의 메인 뉴스에서 종편채널의 어려움을 토로하며, 그 이유를 외부 환경 탓으로 돌리고 있다. 특히 야당과 진보 매체로부터 부당한 견제를 받고 있다는 주장을 제기해 눈길을 끌었다.

기존 매체들의 배타적 풍토, 눈치 보기에 바쁜 정부, 정치적 이유로 종편을 무시하는 야권. 자신들의 정치적·경제적 이익만 지키려는 이들의 암묵적 카르텔이 공정 방송과 국민의 알 권리를 위협하고 있다.

– TV조선 2012년 3월 21일 뉴스

이 방송분에는 야당 인사들의 취재 거부 사례들이 소개되었다. TV조선은 한명숙 대표 등 민주통합당 주요 당직자들에게 인터뷰와 출연을 요청하는 공문을 보냈지만 한 달이 지나도 답이 오지 않았다고 전했다. 정청래 민주통합당 당시 후보가 TV조선 기자에게 취재를 거부하는 모습도 나왔다. 나 또한 TV조선의 뉴스 프로그램 고정 출연 요청을 거절한 터라, 그들이 왜 출연이나 인터뷰를 거절했는지 이심전심으로 알 수 있는 문제이다.

애국가 시청률, 종편의 위기

TV조선이 자신의 메인 뉴스를 통해 이렇게 종편채널의 어려움을 호소하고 나선 것은 매우 이례적인 일이다. 체면만 차리고 있기 어려울 정도로 종편채널들의 상황이 심각하다는 얘기가 될 것이다.

실제로 이날 TV조선은 광고기획사의 자료를 인용해 "지난해 12월 한 달간 신생 종편 4곳의 광고 매출 합계는 320억 원 정도"라며 "올해 매출은 경기 침체와 더불어 전망 자체가 불투명하다"고 대단히 암울한 전망을 내놓았다.

2011년 12월 화려한 개국쇼와 함께 전파를 내보내기 시작했던 4개의 종편채널들은 불과 몇 달 되지 않아 심각한 위기 징후를 드러내고 있다. 당장 시청자들의 무관심은 '애국가 시청률'로 나타났다. 종편채널들은 개국 이후 줄곧 0%대의 시청률에서 벗어나지 못하고 있는 것이다.

채널마다 다소 차이는 있지만, TV조선, JTBC, 채널A, MBN 모두 마찬가지였다. 2012년 3월 현재 종편의 평균 시청률은 3월 둘째 주 기준으로 0.53%. 이는 케이블채널 시청률에서도 중위권에 불과한 수치이다.

TV조선이 반전의 카드로 100억 원의 제작비를 들여 만들었던 드라마 '한반도'는 시청률 부진으로 조기 종방하는 수모를 겪기도 했다. 조중동이 그렇게 지면까지 동원하며 홍보를 해 주고 정부가 밀어주었어도 아무도 보지 않는 종편이 되고 만 것이다.

시청률의 저조는 당장 수익의 저하로 이어진다. 〈미디어오늘〉 보도에 따르면, 개국 초기 지상파의 70% 수준을 요구하던 종편 광고비는 근래 들어 20~30% 수준으로 단가가 내려갔다고 알려졌다. 하지만 덤으로 내보내주는 이른바 보너스율을 감안하면 채널A는 4%, TV조선은 18% 수준까지 단가가 내려간 것으로 알려진다.

〈한겨레〉에 따르면 종편 4곳의 2012년 1월 광고 매출 합계는 120억 원이고, 2월은 80억 원 정도였다. BS투자증권 보고서에 따르면 올해 종편의 적자 규모는 1천억 원을 상회할 것으로 예상된다. 한국신용평가의 보고서도 종편의 예상 광고수입 1천억 원으로는 연간 운영비 2천억 원을 채우지 못해 상당 기간 적자가 불가피하다는 분석을 내놓았다.

종편을 반대하는 진영이 아니라 객관적인 분석을 하는 금융기관들에서 이 같은 비관적인 전망이 속속 나오는 것은 종편의 앞길이 결코 평탄하지 않음을 말해 주고 있다. 시청률 부진은 광고수익을 감소시키고 이는 다시 제작비를 줄게 만든다. 그 결과 질이 저하된 프로그램들은 다시 시청자들의 외면을 받는 악순환 고리가 구조화되기 시작한다. 그래서 이제는 종편채널의 영업 중단을 예고하는 전망까지 공공연히 나오기 시작하고 있다.

BS투자증권은 "2015년까지 종편에 극적인 상황이 연출되지 않는다면 종편 4개사 중에 최소 한 개 정도는 자본잠식에 이어 영업 중단의 상황까지 갈 수 있다"는 비관적인 전망을 내놓았다. 또한 사실이 아닌 것으로 확인되기는 했지만, 한때 TV조선의 매각 추진설까지 나돌 정도로 종편채널들은 극도의 불안한 모습을 보이고 있는 실정이다.

미디어 환경의 변화를 못 읽은 종편의 실패

아직 단언할 수는 없지만, 적어도 현재까지의 상황만 놓고 보았을 때 종편채널의 등장은 실패라고 평가할 수 있겠다. 물론 시간이 지나면서 시청률이 조금씩 살아나 수익이 상승할 수 있다는 기대를 가질 수도 있다. 하지만 최근의 미디어 환경은 그렇게 오랜 시간을 기다릴 시간적 여유를 허락하지 않는다는 점에서 현재의 4개 종편채널이 지금 모습 그대로 유지될 가능성은 희박해 보인다.

한국신용평가는 〈종합편성채널 개국과 방송 시장의 변화〉라는 제목의 보고서에서 종편의 불안 요소로 시장에 비해 많은 채널 수, 지상파와 CJ의 케이블방송이 지배하는 시장구도, 광고시장의 변화를 꼽았다. 이는 수많은 반대와 우려 속에서도 정부가 종편을 밀어붙일 때부터 나왔던 얘기이고, 결국 그 같은 우려가 현실로 드러나고 있음을 말해 준다.

한국의 방송시장은 4개의 종편채널이 한꺼번에 자리 잡을 수 있을 만큼의 환경이 아니었음에도, 보수 언론들을 방송 시장에 진출시키려는 정권과 당사자들의 과욕으로 이렇게 무모한 시도를 하기에 이르렀던 것이다.

사업적인 측면에서 종편 시장에 대한 비관적 전망은 많이 나오고 있지만, 여기서 또 하나 지적하고 싶은 것은 미디어 환경의 변화에 대한 둔감함이 종편의 실패를 낳았다는 점이다.

종편을 하겠다고 뛰어든 조중동매는 물론이고 최시중이 이끈

정권 측은 모두 과거식 방송 관념에만 갇혀 있어 일을 그르치고 말았다. 그들은 지상파 채널들이 그러했듯이 여러 개의 종편채널들을 만들어 좋은 채널번호를 주고 나면 곧이어 시청자들이 몰려들 것으로 기대했던 모양이다. 그러나 이는 콘텐츠의 제공자가 수용자에 대해 우위를 점하고 있던 시절에나 가능했던 장밋빛 그림이었다.

이제 미디어 수용자들은 더 이상 과거와 같이 수동적으로 받아만 먹는 존재가 아니다. 뉴미디어 환경, 더 나아가 SNS 환경을 거치면서 이들은 다양한 선택권과 영향력을 갖는 미디어 주체로 등장하고 있다.

미디어 수용자들은 더 이상 '바보상자'만 들여다보고 있을 이유가 없다. 인터넷, 스마트폰과 태블릿 PC의 앱, 그리고 팟캐스트에는 다양하고 넘치는 수많은 콘텐츠들이 올라오고 있다. 더구나 수용자들은 그 콘텐츠들을 길거리, 지하철, 버스, 도서관 등 어느 곳에서나 편리하고 신속하게 받아볼 수 있다. TV 상자만의 매력이 그만큼 줄어들게 되었다는 얘기이다. 수용자들은 더 이상 거실의 TV 앞에서 주어진 채널만 수동적으로 받아보는 존재가 아니라, 뉴미디어 시대에 새로 등장한 다양한 미디어 콘텐츠들을 능동적으로 선택하는 주역으로 자리하게 된 것이다.

종편채널들이 수용자들의 거부감을 초래하고 시장에서 자리

잡지 못했던 또 하나의 이유로는 보수 편향적 미디어라는 태생적 한계이다. '형광등 100개의 아우라'를 둘러싼 야유는 그 상징이었다.

TV조선은 개국에 맞춰 '최박의 시사토크-판'에 한나라당 박근혜 의원을 출연시켰다. 이때 남성 진행자는 허리를 90도 꺾어 악수를 하고, 여성 진행자는 "형광등 100개의 아우라"라는 말을 했으며, 이를 자막으로 내보냈다.

그 직후부터 "형광등 100개의 아우라"라는 말은 SNS에서 유행어가 되어버렸다. 그날 종편채널들에 박근혜 대표가 겹치기 출연했던 장면은 종편의 편파성에 대해 심각한 우려를 갖고 있던 시청자들에게 "그러면 그렇지"라는 반응만 낳을 뿐이었다.

편파 보도가 자초한 위기

개국 직후부터 종편채널들이 보여준 편파성은 예상을 넘어서는 것이었다. 종편 출범을 앞두고 야당과 시민단체들이 그토록 반대했던 이유 가운데 하나는 불공정한 편파적 보도와 논조에 대한 우려 때문이었다. 이를 의식해서라도 종편채널들이 개국 초기에는 대단히 조심스러운 접근을 하지 않을까, 오히려 진보적인 목소리를 끌어안으며 그러한 우려가 근거 없는 것이었음을 보여줄지 모른다는 관측도 많았다. 그러나 종편채널들은 그 점에 관해 주저하지 않았다.

종편채널들은 개국 초기부터 조중동의 논조를 그대로 이어받은 보수 편향, 여당 편향적인 보도와 논조를 확연히 드러냈다. 시작부터 작심하고 '조중동 방송'을 내보내는 모습이었다. 조중동의 인력을 돌려막기 해 가며 만들고 있는, 그래서 결국 조중동 인력이 뉴스를 만드는 종편채널들로서는 어쩔 도리가 없는 문제였을지 모른다.

그러나 이러한 편파적 보도 태도는 종편채널의 신뢰를 추락시키고 거부의 반응을 확산시키는 데 커다란 역할을 하게 된다. 그들은 지금의 미디어 환경에서 보수 편향적인 기조를 고수하는 것이 얼마나 어리석은, 제 발등 찍는 행위인가를 모르고 있었던 듯하다.

종편채널이 황금알을 낳을 거위인 줄 착각하고 종편에 뛰어든 조중동매, 그리고 그들을 지원했던 이명박 정부는 미디어 세상이 이렇게 바뀐 줄, 그리고 그 변화가 무엇을 의미하는 것인지도 모른 채 오판을 했던 것이다. 대한민국의 보수가 세상의 변화에 둔감한 결과가 종편 정책에서도 나타난 셈이다.

이렇듯 종편채널들은 자신의 태생적 한계를 전혀 넘어서지 못하는 모습을 보였다. 아니, 그러한 한계를 넘어서려는 의지조차 보여주지 못한 채 그대로 위기를 맞고 있다. 세상이 보기에는 정말 우둔한 일이 벌어진 것이다. 그것이 우둔한 일인지를 모르고 있었던 것, 그것이 대한민국 보수의 한계이다.

3

SNS는 종편보다 힘이 세다

　종편채널의 등장은 당장 방송국 수를 늘려놓았다. 조선·중앙·동아 종편에다가 MBN까지, 모두 4개의 채널이 늘어난 것이다. 방송 활동을 하는 입장에서 보면 출연할 채널이 그만큼 늘어난다는 얘기가 된다.

　당장 연예인들이나 인기 MC들의 경우 종편의 특수를 누리는 모습을 보였다. 그들은 종편채널 이곳저곳에 겹치기 출연을 하며 한창 재미를 보고 있었다. 그런데 출연의 기회가 늘어나는 것은 꼭 연예인들만의 얘기는 아니었다. 종편채널들도 뉴스나 시사 프로그램들을 만드니까 나처럼 시사 관련 콘텐츠를 제공하는 사람에게도 출연의 기회는 늘어나게 되어 있다.

　종편 개국을 앞두고 있을 무렵, 주변에서는 나에게도 종편에서 섭외가 오지 않겠느냐고 말하며, 그렇게 되면 종편에 출연할 것이냐고 묻는 사람들이 종종 있었다. 그럴 때면 나는 굳이 대답을 하지 않고 "거기서 나를 왜 부르느냐"며 웃어넘기곤 했다. 떡 줄 사람은 생각도 않는데 김칫국부터 마시는 모양이 될 수 있었기 때문이다.

종편이 개국을 한다고 해서 과연 나에게 전화를 걸어올까. 나는 MB정권 아래에서는 몇 년째 지상파에도 출연하지 못하고 있는 사람인데, 그보다 더 편향적인 종편채널에서 나를 출연시키려 할까. 물론 종편채널들이 자신들의 편파성을 우려하는 시선을 의식해서, 특히 초기에는 나 같은 사람을 구색 맞추기 차원에서 끌어들이려 할 가능성도 있다고 생각하기는 했다.

종편채널의 연이은 출연 요청

그런데 종편 방송이 시작되고 얼마 되지 않아 가상의 상황이 현실이 되었다. 종편채널들에서 출연 요청이 오는 것이었다.

먼저 개국을 앞둔 시점에 TV조선에서 전화가 왔다. 옴부즈맨 프로그램이 시작되는데 거기에 패널로 출연해 달라는 것이었다. TV조선의 보도 프로그램에 대해 모니터하고 비평을 하는 역할이라는 것이다.

맙소사! 하필이면 보도 프로그램이란 말인가. TV조선 같은 종편채널의 문제가 가장 심각하게 드러날 곳이 바로 보도 프로그램이 아닌가. 그에 대해서 나더러 얘기해 달라니. 서로가 적당한 선에서 넘어갈 수 있는 부분이 있고, 절대 그냥 넘어갈 수 없는 부분이 있게 마련이다. 그런데 TV조선의 보도 프로그램은 내가 그냥 넘어갈 수 없는 부분이 될 것임에 불을 보듯 뻔한 일이었다. 아마도 〈조선일보〉의 보수 편향적인 보도가 그대로 반영될 것이라고 나는 예상했다.

그렇다면 〈조선일보〉의 편향적 보도에 대해 비판적인 나 같은 사람이 TV조선에 출연해서 이러니저러니 하고 있는 것 자체가 우스운 일이고, 서로가 너무 불편한 일이었다. 내가 출연하면 얘기를 돌려서 할 것도 아니고 직설적으로 "TV조선은 보도를 이런 식으로 하면 안 된다"고 말할 텐데, 그 사람들이 과연 편집하지 않고 나의 얘기를 그대로 내보낼 수 있을 것인가, 아니 구태여 그런 서로 불편한 상황을 만들 필요가 있겠는가. 그래서 나는 TV조선으로부터의 첫 번째 출연 요청을 정중하게 거절했다.

그런데 보름 뒤 같은 프로그램에서 다시 전화가 왔다. 나의 대답은 달라질 이유가 없었다. 아니, 얼마 동안 TV조선의 보도 프로그램을 접한 나는 "역시 안 나가기를 잘했다. 저런 뉴스를 갖고 왈가왈부하는 것 자체가 무의미한 일이다"라는 생각을 굳히게 되었다. 나는 다시 한 번 출연 요청을 거절했다.

다시 얼마 지나고 나서 TV조선에서 또 전화가 왔다. 이번에는 더 본격적인 섭외였다. 낮 시간대 뉴스를 신설하는데 고정 패널을 맡아 해설을 해 달라는 것이었다. 역시 주저 없이 거절했다. "TV조선의 뉴스가 공정하지 못하고 너무 편향되어서 나는 참여할 생각이 없다"고 솔직하게 이유를 설명했다. 코너의 내용은 패널이 자기 의견대로 자유롭게 할 수 있다고 작가는 설명했지만, 나는 그것은 불가능한 일이 될 것이라고 말했다.

사실 TV조선의 뉴스에 내가 출연하는 광경은 상상만 해도 아찔했다. 진보 세력이나 야당 세력을 무조건 까대는 뉴스가 나가고 나서 내가 등장하여 정치 평론을 한다? 얼마나 어색하고 불편하겠는가. 그것은 서로가 할 짓이 아니었다.

그런가 하면 〈동아일보〉의 채널A 뉴스 프로그램에서도 전화가 왔다. 출연해서 정치 관련 대담을 해 달라는 것이었다. 역시 거절했다. 이유는 채널A의 뉴스도 공정하지 못다는 것이었다. 앞으로도 출연 안 할 것이라는 얘기까지 덧붙였다.

그러나 채널A에서도 거듭해서 전화가 왔다. 아예 고정 출연을 해 달라는 것이었다. 내가 역시 난색을 표하니, 자유롭게 말씀하실 수 있다, 일단 한 번만 출연해 보시고 마음에 안 들면 그만두셔도 된다며 여러 가지로 나를 설득하는 모습이었다. 그러나 나의 생각에는 변함이 없었다.

　JTBC에서도 MBN에서도 출연 요청이 왔지만 나는 마찬가지로 거절했다.

내가 종편채널 출연을 거절한 이유

　이런 식으로 나는 종편채널들이 내민 손을 뿌리쳤다. 물론 그런 나의 선택에 대해 다른 의견을 제시하는 사람들도 있었다. 그런 사연을 나의 페이스북에 올리자, "출연해서 할 소리는 하는 게 낫지 않느냐"는 의견도 올라왔고, "그런 선긋기식 발상에 동의하지 않는다"는 충고도 있었다.

　내가 그런 의견들에도 전혀 귀 기울이지 않는 것은 아니다. 사실 나는 전부 아니면 전무All or Nothing 식의 논리를 그리 좋아하지 않는다. 과거 '안티조선' 운동이 한창일 때도 〈조선일보〉에 글 한 번이라도 쓴 사람은 '마녀' 취급하는 분위기를 좋게 보지 않았다. 그러나 그것이 나의 문제가 되었을 때, 나는 원칙적인 자세를 잃고 싶지 않았다. 다른 사람들이 종편에 출연하고 말고는 그들의 자유로운 선택의 문제라고 생각하고 싶지만, 적어도 나 자신에 대해서는 엄격한 잣대를 적용하는 것이 바른 자세라고 생각했다. 종편채널들이 공정 보도 요구를 외면하고 편파 보도를 일삼고 있는 상황에서 내가 거기에 한 귀퉁이에라도 참여하는 것은 옳은 일이 아니라는 판단을 쉽게 할 수 있었던 것이다.

물론 내가 배가 불러서 그런 선택을 할 수 있었던 것은 아니다. 사실 나는 그 무렵 방송에 무척 배가 고파 있었다. 몇 년 전만 해도 매일같이 5~6개씩 고정 방송을 하던 사람이 MB정권 들어서 몇 년째 가뭄에 콩 나듯 방송을 하며 연명만 하고 있으니, 어찌 방송에 굶주리지 않을 수 있겠는가.

나는 방송이 하고 싶었다. 그것도 아주 많이 하고 싶었다. 이전처럼 새벽부터 밤까지 방송을 할 수 있는 때가 다시 오기를 고대하고 있었다. 하지만 그렇다고 해서 종편채널들의 출연 요청을 덥석 받을 수는 없는 일이었다. 아무리 배가 고프다고 해서 먹이를 주는 사람이 누구인지조차 따지지 않고 받아먹는다면 소나 돼지와 다를 바가 무엇이겠는가. 방송에 대한 굶주림을 채우지 못하여 계속 그렇게 지낼망정, 그런 유혹에 넘어갈 수는 없었다. 언론계의 많은 이들이 종편 반대를 외치며 출연 거부를 호소하고 있는 마당에, 내가 그들의 목소리를 외면하고 종편에 구색을 맞춰주는 역할을 할 수는 없는 일이었다. MB정권이라는 난세를 만나 기왕에 어렵게 지내게 된 것, 조금 더 참고 견디는 것이 옳다고 나는 생각했다.

그래도 외롭지 않았던 것은 나의 이런 선택에 대한 많은 분들의 호응과 격려가 있었기 때문이었다. 내가 이런 생각을 트위터와 페이스북에 올리자 많은 분들의 격려가 쇄도했다. 쉬운 결정은 아니었겠지만 잘한 선택이었다는 반응이 주를 이루었다. 많은 분들이 하루 빨리 내가 지상파 TV에 나오는 모습을 보고 싶다는 격려도 해 주었다. 이제 1년만 더 견디면 좋은 날이 올 것이라는 성원도 많았다. MB의 임기가 1년가량 남았을 무렵이었다.

SNS를 통한 소통은 우리를 외롭지 않게 만드는 힘이 있었다. 과거 같으면 그렇게 방송에서 부당하게 퇴출당하는 일을 겪었을 때 시간이 지나면 잊혀지고 외롭게 견뎌내야 했겠지만, SNS 덕분에 수많은 SNS 친구들이 나의 상황을 함께 알고 정신적인 힘을 보태주곤 했던 것이다. 그런 점에서 SNS는 고립되고 분산된 개인을 넘어 연대를 이룰 수 있는 훌륭한 장치가 아닐 수 없다. 나는 이래저래 SNS의 가치를 몸으로 부딪치며 체험 속에서 발견하는 기회를 가질 수 있었다. 종편보다 수십 배 힘이 센 것이 SNS였다.

MB, 미디어를 점령하다

이명박 정권 아래에서 방송 정책을 사실상 좌지우지했던 최시중 전 방송통신위원장이 2012년 4월 거액의 수뢰 혐의로 사법 처리되었다.

세상이 다 알다시피 그는 이명박 대통령의 멘토로 불리웠던 인물이다. 2007년 대선에서 '이명박 대통령 만들기'의 일등 공신이었고, 이명박 정권 출범 이후에도 최측근 실세로 자리했었다. 일련의 방송 장악 과정 뒤에는 최시중이 있었고, 종편채널의 무리한 출범에도 그의 입김이 있었다.

그 논란 많던 MB정권의 방송 정책을 총괄했던 최시중의 사법 처리는 그런 점에서 MB정권 방송 정책의 파탄을 상징하는 장면 이기도 하다. 이들은 부도덕하고 불법적인 방식에 의존하며 정권을 탄생시켰고, 또 정권 유지의 도구로 방송을 이용했다는 점이 최시중이라는 인물을 고리로 하여 여실히 드러나고 있기 때문이다.

MB정권 5년, 방송사의 암흑기

이명박 정권의 5년은 한국 방송사의 한 페이지에 암흑기로 기록될 것이다. 방송에서 비판과 표현의 자유는 박탈당했고 MB 코드의 인물들을 전면에 내세우며 방송을 장악했다.

불행의 시작은 이명박 대통령이 자신의 최측근 최시중을 방송 정책을 총괄하는 방송통신위원장 자리에 앉히면서부터였다. 그것은 이미 방송을 자신의 권력 유지를 위한 도구로 삼겠다는 정치적 의도를 드러낸 것이었다. 방송의 공정성을 생각하는 대통령이었다면 정치적으로 중립적인 전문가를 그 자리에 앉히지, 그렇게 속보이게 자신의 멘토를 기용하지는 않았을 것이다.

우려했던 대로 최시중 방통위원장은 재직 중 KBS 정연주 사장이 물러나도록 압박을 가하는 것을 시작으로 KBS, MBC 등에 MB 코드의 낙하산성 인물들이 기용되도록 이끌었다.

그런가 하면 야당과 시민단체들이 그렇게 반대했던 종편채널을 무리하게 밀어붙이는 데 주도적인 역할을 했다. 그리하여 최시중에게는 방송통신위원장이 아닌 '방송장악위원장'이라는 야유가 따라다니기도 했다.

MB정권 방송 정책의 문제는 방송을 포함한 언론을 통제의 대상으로 간주했다는 점이다. 공정성을 추구하며 비판과 표현의 자유를 보장받아야 할 방송 언론을 이들은 권력이 간섭하고 통제해야 할 대상으로 줄곧 바라봤다. 이는 기본적으로 과거 독재정권 시절에나 가능했을 오도된 언론 철학의 결과였다. 특히 MBC 〈PD수첩〉에 대한 집요한 탄압은 그 상징적인 장면이었다.

2008년 미국과의 쇠고기 협상에 반발하며 확산된 촛불시위에 대한 분풀이를 MB정권은 〈PD수첩〉에게 해 댔다. 그해 4월 18일 미국과의 쇠고기 협상이 타결되자 〈PD수첩〉은 바로 다음 날 '미국산 쇠고기, 과연 광우병에서 안전한가'라는 긴급 편성물을 방송했다. 그런데 쇠고기 수입 협상 주무 부서인 농림수산식품부는 〈PD수첩〉 제작진들을 명예훼손 혐의로 수사 의뢰했고, 검찰은 "〈PD수첩〉 제작진이 자신들의 의도에 맞춰 사실을 왜곡해 광우병 위험을 과장하고 협상 과정에 대해 허위사실을 유포했다"며 제작진 5명을 불구속 기소했다.

당시 검찰의 무리한 기소에 대한 비판이 비등했지만 MB정권은 〈PD수첩〉에 대한 탄압에 매달렸고, 재판은 3년 4개월여 만에 끝났다. 1, 2심 재판부와 대법원은 MB정권의 기대와 달리 제작진 전원에게 무죄를 선고하여 〈PD수첩〉의 손을 들어주었다. 허위 사실이 일부 포함돼 있더라도 언론의 공공성에 무게를 둬 명예훼손의 책임을 물을 수 없다는 결론을 확인한 것이다.

인터넷 논객 미네르바를 구속 기소하여 표현의 자유 탄압이라는 비판에 직면했던 MB정권은 이미 미네르바 무죄 선고로 세계적 망신을 당한 적이 있었다. 그러나 이러한 일들이 거듭되는 상황에도 아랑곳하지 않고 MB정권은 임기 내내 방송 장악 정책을 밀어붙여왔다. 아직 임기가 남은 사장을 반강제로 물러나게 하고 정권의 코드에 충실한 낙하산 사장을 선임하는 일이 방송사 곳곳에서 벌어졌다. 그렇게 들어선 사장들은 비판적 프로그램들을 탄압하고 이에 항의하는 내부 구성원들에게 대량 징계의 칼을 휘둘렀다.

2012년 3월 29일 KBS 새 노조가 입수해 공개한 문건을 보면, 국무총리실 공직윤리지원관실이 언론사 사장에 대한 세밀한 인물 평가와 임원진 교체 방향 보고 등 광범위한 사찰을 통해 언론 장악을 시도한 정황이 구체적으로 드러나 있다. 특히 2009년 8월 25일 작성된 '1팀 사건 진행 상황' 리스트의 'KBS, YTN, MBC 임원진 교체 방향 보고' 항목 비고란에는 'BH 하명'이라고 표기돼 있어 청와대Blue House가 사찰을 직접 지시했다는 의혹까지 제기되었다.

권력의 미디어 통제는 낡은 착각

MB정권은 재임 기간 내내 계속된 방송 장악 논란에 대해 시종 '나는 모른다'는 식의 무책임한 태도를 보여왔다. 자신들이 방송 장악의 환경과 토대를 구축해 놓고서는, 그 이후에 진행되는 방송 장악의 과정에 대해 청와대와는 무관한 일이라는 식의, 손바닥으로 하늘을 가리려는 태도를 보이고 있는 것이다.

2012년 들어 KBS, MBC, YTN 등에서 공정 방송을 요구하는 최장기 파업이 진행되고 파행 방송이 계속되어도 MB정권은 그에 관해 말 한마디 하지 않는 무책임한 모습으로 일관했다. 자신들이 일은 벌여놓고 그 책임은 개별 방송사들에게 떠넘겨버린 채 팔짱만 끼고 바라보는 모습이다.

MB정권이 들어선 이래 우리 방송사들은 그야말로 바람 잘 날이 없었다. 방송을 규제와 통제의 대상으로 삼았던 이들의 방송관은 낡고도 한참 낡은 것이었다. 하지만 오늘날 전개되고 있는 SNS 환경은 권력이 미디어를 통제할 수 있는 시대가 종언을 고했음을 보여준다.

권력이 아무리 종이신문이나 공중파 방송 같은 올드미디어의 입을 막아도, 이제는 수십만, 수백만 개의 1인 미디어들이 있다. 그런가 하면 〈나꼼수〉, 〈뉴스타파〉, 〈리셋 KBS 뉴스9〉 같은 인터넷상의 대안적 미디어 프로그램들이 인기를 끌고 있다. 무슨 수로 권력이 이 수많은 미디어들에 일일이 간섭하고 규제할 수 있겠는가.

　권력의 힘으로 미디어를 입맛에 맞게 다스리겠다는 발상은 낡은 사고에 젖은 권력자들의 착각일 뿐이다. 권력이 아무리 올드 미디어의 입을 일시적으로 막는다 해도, SNS의 유통망을 통해 알려질 것은 알려지고 비판할 것은 비판하게 되어 있다. MB정권만 모르고 세상이 다 아는 사실이다.

5

방송사 최장기 파업을 말하다

2012년 방송사 노조들의 파업이 해결의 기약 없이 계속되고 있다. 지난 5월 8일로 MBC 노조의 파업은 100일을 넘어섰다. 최장기간 파업이었던 지난 1992년의 52일 기록을 훨씬 넘어서는, 한국방송사상 최장 기간의 파업이다.

2012년 5월 14일을 기준으로 KBS 새 노조는 72일, 연합뉴스 노조는 61일, 국민일보 노조는 144일째 파업을 계속하고 있다. YTN 노조도 전면 파업은 아니지만 주말에 집중하는 방식의 파업을 계속하고 있다. 이에 따라 이들 방송사들의 방송 파행도 장기화되고 있고 뉴스 제공에도 커다란 차질이 빚어지고 있다.

MBC, KBS, YTN 3개 방송사 노조의 파업은 성격이 거의 동

일하다. MB정권으로부터 임명되었거나 그 영향력으로 낙점되었다고 의심되는 '낙하산 사장'들의 퇴진, 그리고 공정 방송의 실현이 파업의 공통된 목표이다.

그동안 이들 방송은 정권의 영향력 아래에 놓이면서 보도의 공정성이 심각하게 훼손되었으며 정권에 대한 비판은 금기시 되어왔다. 내부에서 이를 바로잡고 공정한 방송을 만들려는 몸부림은 계속되어 왔지만, 사측은 번번이 징계의 칼을 휘두르며 이를 탄압해 왔다. 하지만 정권 말에 이르러서까지 불공정 방송이 계속되는 현실을 더는 용납할 수 없었던 방송인들이 더 이상 뒤로 물러설 수 없다는 배수의 진을 치고 장기 파업을 계속하고 있는 것이다.

MBC 노조의 한국방송사상 최장기 파업이라는 기록이 설명해주듯이, 방송사들의 동시 파업 상황은 MB 정권의 방송 장악 정책이 낳은 필연적인 결과이다. 이미 김대중 – 노무현 정부를 거치면서 우리 사회는 적어도 언론과 표현의 자유만큼은 제도적으로 정착한 것으로 믿어왔다. 특히 노무현 정부 시절에는 정권에 대해 언론이 가혹하리만치 날선 비판을 계속했다. 그러나 당시 청와대는 종종 보도에 대한 불만과 반론을 토로하기는 했지만, 그렇다고 제도화된 방법 이외의 음성적인 개입이나 탄압을 시도하지는 않았다.

나는 실제로 노무현 정부 시절에 방송 활동을 하면서 그러한 환경을 직접 체험할 수 있었다. 노무현 정부 이전까지만 해도 KBS에 나가서는 정부 비판을 함부로 하면 안 된다는 암묵적인 인식같은 것이 있었다. 그런데 나는 노무현 정부 시절 KBS TV와 라디오에 출연하면서 당시 노무현 정부의 정책들을 수없이 비판했다. 특히 노무현 대통령의 재신임 발언, 한나라당과의 연정 제안, 이라크 파병 등의 정치적으로 민감한 사안들에 대해 신랄한 비판을 했던 기억이 있다.

당시 KBS를 통해 그같은 정부 혹은 대통령 비판을 하면서도 나는 그에 대해 한 번도 간섭을 받은 적이 없다. 어지간 하면 담당 PD가 비판의 수위를 낮추어달라는 요청을 할 법도 했는데 그런 것이 전혀 없었다. 방송사 측에서 출연자의 애기에 대해 정치적 조절을 요구하지 않았던 것이다. 지나고 나서 생각하면 노무현 정부 시절이야말로 가장 언론의 자유가 보장되었던 행복했던 시절이었다.

그런 시절을 경험하며 우리는 이제 언론과 표현의 자유는 되돌릴 수 없는 것으로 믿어 의심치 않았다. 그러나 그 이후 들어선 MB 정권은 역사의 시계를 되돌리는 횡포를 서슴지 않았다. 촛불시위에 대한 분풀이를 〈PD수첩〉 탄압을 통해 하는 것을 시작으로, 방송사 사장 인사에 영향력을 행사하여 낙하산 사장들을 내려보내는가 하면 방송 프로그램의 내용, 진행자와 출연자의 결정에까지 개입하는 시대착오적인 정책을 폈다. 그로 인해 언론의 자유 특히 방송의 자유는 과거 독재정권 시절의 환경을 연상케 할 정도로 뒷걸음질 쳤고 방송인들의 저항을 사기에 이르렀다.

그렇기에 방송사 노조들의 장기 동시 파업과 그로 인한 방송 파행 사태는 전적으로 MB정권에게 그 책임이 있는 것이다. 그러나 방송사 파업이 끝을 모르고 마냥 계속되고 아무런 해결의 기미가 보이지 않는데도 MB정권은 그에 대해 말 한마디 꺼내지 않는 무책임한 모습으로 일관했다. 방송사들의 파업이 바로 자신들이 폈던 잘못된 정책 때문에 생겨난 것임을 세상이 다 아는데도 정권은 그저 자신들과는 무관한 문제라는 듯 오불관언하는 모습만 보여왔다. 그것이 어떻게 자신들과 무관한 문제일 수 있겠는가. 손바닥으로 하늘을 가리려는, 시청자들을 바보로 여기는 모습이 아닐 수 없었다. 자신들의 잘못으로 갈등이 생겨나도 그것에 대한 최소한의 관심과 해결하려는 의지를 갖고 있지 않은 정권의 모습이 그대로 드러난 것이다.

방송사 파업의 장기화에 대한 책임은 여당의 경우도 마찬가지로 져야 한다. 새누리당 역시 방송사 파업이 장기화되고 시청자들의 불편이 심각해 지는 상황에서도 이 문제에 대해 좀처럼 입을 열지 않았다. MB정권의 잘못된 방송 정책이 낳은 결과임을 뻔히 알고 있다면, 여당은 이를 바로잡는 역할을 당연히 해야 했다. 그러나 박근혜 비대위원장은 침묵으로 일관했다. 그렇게 쇄신을 외치면서도 정작 이런 엄청난 문제에 대해서는 입을 닫고 있는 이중적인 모습을 보여온 것이다. 이는 12월 대선을 앞두고 현재의 방송 환경을 그대로 유지하는 것이 낫다는, 자칫 방송환경의 변화를 촉발시켜서 대선에 불리한 환경이 만들어지는 상황을 피하겠다는 판단이 작용한 것으로 보인다. 결국 자신들의 정치적 유불리에 따라 방송 정책의 방향을 판단하려는 정략적 계산의 태도를 보이는 셈이다.

그러나 집권 세력의 의도적인 무관심에도 불구하고 방송사 파업은 더 이상 방치할 수 없는 상황에 이르고 있다. 공영방송들의 파행이 이토록 장기화되고 있는 것은 국가적인 문제가 아닐 수 없고, 수많은 시청자들과 직결된 문제이기 때문이다.

방송사 노조들은 파업을 하면서도 공정 방송의 실현을 위해 자신들이 독자적으로 만든 뉴스를 선보였다. MBC 노조는 〈제대로 뉴스데스크〉, KBS 새 노조는 〈리셋 KBS뉴스9〉를 만들어 SNS를 통해 큰 관심을 받았다. KBS나 MBC 뉴스를 통해서는 제대로 방송되지 못하고 있는, 그러나 우리가 놓쳐서는 안 되는 뉴스들이 노조의 뉴스를 통해 시청자들에게 제공되었던 것이다.

현재의 방송 뉴스들이 얼마나 제 구실을 못 하고 있는지, 그리고 시청자들이 제대로 된 뉴스를 얼마나 갈구하고 있는지를 보여주는 사건이었다.

도대체 방송사 노조들의 파업을 언제까지 내버려둘 것인가. 일단은 김재철이나 김인규 사장이 대답해야 할 문제이다. 그러나 그들이 대답하지 않고 있는 상황이라면 당연히 이명박 대통령이 대답을 해야 할 입장이다. 결자해지가 필요한 상황이기 때문이다.

6

통합진보당 내분,
매카시즘으로 몰고 간 보수 언론

4·11 총선이 끝난 뒤 터져나온 통합진보당의 내분 사태는 진보 정당의 최대 위기를 가져왔다. 비례대표 경선이 '총체적 부정'이었다는 당 진상조사위원회의 조사 결과가 나오자 언론과 여론은 통합진보당에 대한 비난을 쏟아냈다. 그런 가운데 당 내에서는 조사 결과에 따른 책임을 강조하는 신당권파와 부실한 조사 결과를 받아들일 수 없다는 구당권파 사이의 갈등이 격화되었다. 마침내 통합진보당은 '한 지붕 두 가족'이라는 정치적 분당 상황에 직면하게 되었다.

이러한 상황 속에서 여러 문제가 부상했다. 가장 기본적인 것은 경선 과정의 부실 혹은 부정 여부. 부실이냐 부정이냐를 놓고 구당권파와 신당권파 사이의 현격한 입장 차이가 있기는 했지만, 어찌되었든 언론은 경선 부정에 대한 강도 높은 비판에 나섰다.

그리고 중앙위원회에서의 폭력 사태. 비당권파 측이 조사위의 보고서를 수용하는 기조 위에서 결의안을 통과시키려 하자 구당권파 측 당원들은 이를 저지하기 위해 단상을 점거하고 폭력까지 사용하여 언론의 집중적인 비판을 받게 되었다. 그리고 이 과정을 거치면서 비당권파가 주도하는 혁신비상대책위원회가 출범하게 되었다.

통합진보당 내의 이 같은 내분 상황은 4·11 총선에서 그들에게 표를 주었던 많은 사람들을 실망시키는 일이었고 당연히 많은 비판이 쏟아졌다.

보수 언론, 사상 검증으로 논점을 바꾸다

그런데 이 틈을 타서 조중동을 중심으로 한 보수 언론은 다시 진보 정당에 대한 대대적인 사상 검증 공세에 나섰다. 보수 언론의 공격은 일단 구당권파 측에 집중되었다. 폭력 사태로 인해 구당권파 측이 여론의 절대적 수세에 몰려 있던 상황을 십분 활용하며 그들에 대한 융단폭격에 나선 것이다.

보수 언론은 통합진보당의 구당권파에 속하는 인물들의 과거

운동권 혹은 공안사건 관련 전력을 문제삼았고, 그들을 가리켜 'NL-주사파'라는 딱지를 붙이는 데 주저하지 않았다. 심지어 구당권파의 배후에 다른 조직이 있을 것으로 추정하는 가상의 기사까지 등장했다.

> "한 정부 소식통에 따르면 당국은 NL계(민족해방계열) 주체사상파 출신 인사들의 증언과 정황을 종합한 결과 1997년 해체된 민혁당 조직이 재건됐으며, 그 주도 세력이 통합진보당 당권파의 핵심인 경기동부연합을 장악했다고 파악한 것으로 알려졌다… 당국은 민혁당 경기남부위원장 출신의 이석기 통진당 비례대표 당선자도 민혁당 조직 재건에 가담했을 것으로 조심스럽게 추정하고 있다."
>
> -〈동아일보〉 2012년 5월 9일자

물론 기사의 표현대로 '추정'이다. 기사 중의 어느 한 곳에서도 확인된 사실은 보이지 않는다. 그저 그럴 것으로 추정된다는 것이다.

만약 민혁당 조직이 재건되고 이석기 당선자가 그에 가담했다는 내용이 사실이라면 〈동아일보〉가 이를 보도하기 이전에 공안당국이 가만있었을 리 없다. 당장 체포해서 구속 수사를 진행하려 했을 것이다. 그러나 〈동아일보〉의 이 같은 추정 보도 이후에도 그와 관련된 소식은 더 이상 나오는 것이 없었다. 그냥 통합진보당 내분 사태 속에서 이석기 당선자가 표적처럼 되어가고 있으니, 아니면 말고식의 색깔 덧씌우기 보도를 한 것이다.

처음에 경선 부정 문제로 시작된 통합진보당 문제에 대한 보도는 구당권파의 핵심 세력이 경기동부연합이라는 논점으로 이동하더니, 급기야는 이들 세력을 'NL – 주사파'라고 주저하지 않고 규정하는 상황으로 치달았다. 물론 조중동을 비롯한 보수 언론은 대대적으로 이들의 실체를 폭로하고 나섰다. 통합진보당에 대한 사상 검증에 나선 것이다.

조중동의 이 같은 사상 검증 공세는 통합진보당 사태에서의 본래 논점을 크게 벗어난 것이다. 논란이 되었던 것은 경선 과정에서 정말 심각한 부정행위가 있었던 것인지, 그러니까 당 운영에 있어서의 민주적 절차와 관련된 문제였다. 물론 그 과정에서 당 내에서의 패권주의 문제라든가 진보 정당의 진로와 같은 문제로 논의가 확대되기는 했지만, 구당권파 인사들의 과거 운동권 전력이나 사상 같은 것이 논점이 될 맥락은 전혀 아니었다. 결국 조중동은 통합진보당의 위기를 틈타서 본질과는 무관한 색깔 공격을 하고 나선 것이다.

조중동은 자신들의 속내를 곧바로 드러냈다. 통합진보당, 특히

구당권파 세력이 19대 국회로 들어가는 데 대한 강한 거부감을
드러냈다.

"이들이 스스로 물러나지 않으면 당이 아무리 '사퇴' 결정을 하
고 국민적 비판 여론이 높아도 현행법상 이들을 강제로 사퇴시
킬 방법이 없다. 부정선거 논란 속에 뽑힌 종북(從北) 성향 주사
파 인사가 대거 국회에 입성하게 되는 것이다. 진보당 당선자 13
명 중 NL 계열은 이석기, 김재연, 이상규, 김미희, 오병윤 당선자
와 김선동 의원 등 6명이다."

– 〈조선일보〉 2012년 5월 16일자

"통진당 비례대표와 지역구 당선자 13명 가운데 민족해방(NL)계
는 이석기, 김재연, 이상규, 김미희, 오병윤 당선자와 김선동 의
원 등 6명이다. 이전에도 NL계 인사들이 국회에 들어간 적이 있
지만 이번처럼 다수가 들어가는 것은 처음이다. 대한민국을 부
정하는 종북(從北) 주사파였던 사람들이나 간첩죄 복역자가 지
금 자신들이 추구하는 이념과 북한관(觀)이 무엇인지 명확히 밝
히지 않은 채 국정을 다루고 법을 만드는 국회에 들어가면 어떤
일이 벌어질지 불안하다."

– 〈동아일보〉 2012년 5월 17일자

초법적인 매카시즘적 발상

조중동은 통합진보당의 구당권파 당선자들을 일괄적으로 '종북 성향 주사파 인사'들로 규정하며 이들이 국회에 들어가는 상황에 반대하고 나섰다. 그러나 이는 사실 관계에 근거하지 않은 정치적 공세였다. 그들이 과거 운동권에 몸담았고 공안사건에 연루된 전력이 있다 해도 그것이 이들에게 '종북'이나 '주사파'니 하는 이념적 색깔을 덧씌우는 근거가 될 수는 없다.

국회의원 당선자라는 공인들을 향해 그같이 엄청나고 무시무시한 주장을 하려면 그것을 뒷받침할 만한 사실을 제시하며 말을 해야 하는 것이 언론의 기본이다. '종북'이라 하면 북한을 추종한다는 말인데, 구체적으로 북한을 어떻게 추종하고 있는지를 적시해야 할 것이고, '주사파'라 표현하려면 그들이 북한의 주체사상을 옹호하는 행동을 어떻게 하고 있는가를 제시하며 그런 주장을 해야 할 일이다.

그런데 이들 보수 언론은 그렇지 않았다. 그냥 오래전의 운동권 전력을 문제삼아 그런 이념적 재단을 하고 있는 모습을 보였다. 이는 언론으로서 근거 없이 사실 관계를 오도하는 것일 뿐 아니라, 구시대적인 매카시즘의 부활이다.

통합진보당 내부 사태는 어디까지나 당내 경선이 제대로 진행되었는가를 따지는 문제였는데, 이를 지켜보던 조중동은 기회는 이때다 하고 진보 정당을 흔드는 마녀사냥에 나선 것이었다. 오히려 이들의 무분별한 이념 공세를 통한 개입으로 분명하게 매듭짓고 가야 할 경선 부정 진상 규명이라는 핵심 문제가 실종되어버리는 분위기가 되기도 했다.

이 같은 보수 언론이 주도한 마녀사냥적 분위기에 힘입어 새누리당은 종북 주사파의 국회 입성을 막기 위한 대책을 마련해야 한다는 주장을 하기도 했다. 실제로 새누리당은 이들 당선자를 국회에서 제명하자고 민주당 측에 정식으로 제안했다. 물론 민주당은 일언지하에 거부했지만 말이다. 국회의원 당선자의 머릿속에 무엇이 들어 있는지 판단하여 국회에서 추방하자는 주장은 법적인 근거도 없는 초헌법적인 발상일 뿐 아니라, 인간의 내면에 대한 사상 검증을 통해 국회의원의 자격을 판단하겠다는 위험천만한 생각이다.

도대체 다른 사람의 머릿속에 무슨 생각이 들어 있는지를 어떻게 입증할 수 있고, 또 어떻게 그에 따라 국회에서의 추방 여부를 결정한단 말인가. 설혹 머릿속에 어떤 생각이 있다 하더라도 그것이 구체적인 범법 행위로 연결되지 않는 한 처벌받지 않는 것이 사상의 자유를 보장하는 민주주의의 기본이다. 선거라는 절차를 통해 선출된 사람을 자신들의 이념적 잣대로 재단하여 국회에서 내쫓는 일이 생겨난다면, 그런 상황은 정치적 필요에 따라 앞으로도 비일비재하게 반복될 수 있을 것이다.

2012년 5월에 있었던 통합진보당의 내분 사태는 단지 진보 정당에 대한 실망만 안겨준 것이 아니었다. 그 틈을 타서 진보 세력들에게 색깔을 덧씌워 마녀사냥에 나서는 보수 언론과 정치 세력의 구시대적 모습 또한 그 이상으로 실망스러운 것이었다. 통합진보당의 경선 부정 논란과 그에 따른 내분 사태는 백번 비판받아 마땅한 일이었지만, 그 와중에 느닷없이 근거도 박약한 색깔론을 들고 나선 보수 언론의 행태는 올드미디어가 여전히 과거 시대를 헤매고 있음을 보여준 것이었다.

Part 5

소셜미디어 시대, 소통의 정치를 꿈꾸다

MB 정권 5년. 일방적인 불통의 정치 앞에서 우리는 얼마나 실망하고 분노해 왔던가. 이제는 국민과 소통하는 리더십을 만나고 싶다. 12월 대선은 과연 소통의 리더십을 등장시켜줄 것인가. 그리고 소통의 리더십은 승리를 거둘 것인가.

1

2040과의 소통,
슈스케식 접근의 한계

SNS 시대. 2040 세대가 우리 정치의 방향을 좌우하는 주역으로 급부상했다. SNS 환경을 주도하고 있는 이들 세대는 SNS를 통해 서로 소통하며 선거에서의 영향력을 확장해 나가고 있다. 특히 2011년 서울시장 보궐선거에서 분출한 2040세대의 반란에 따라 여야 정치권은 이들 세대의 지지를 얻는 방법을 찾는 데 골몰하는 모습을 보였다.

서울시장 선거에서 박원순 후보에게 압도적인 지지를 보내 승부를 결정지어버린 이들 세대는 18대 대선에서도 선거 결과를 좌우할 핵심 세력으로 주목받게 되었다. 그래서 그동안 국민에게 올드한 모습만 보여왔던 각 정당들은 젊은 층을 향한 메시지를 쏟아내며 다양한 이벤트를 선보이고 있다.

깜짝 이벤트로 전락한 20대 정치인들의 등장

이미 지난 4·11 총선에서 각 정당들은 젊은 층 공략을 위한 대책들을 내놓았다. 물론 정당들이 젊은 세대에 관심을 기울이고 그들의 지지를 얻기 위해 노력한다는 것은 반가운 일이지만, 문제는 그 전략과 방법이었다. 정당들은 화제를 낳고 인기몰이를 하기 위한 깜짝쇼 식의 이벤트에는 열심이었지만 정작 거기에서 젊은 세대를 대변하는 진정성을 찾아보기는 쉽지 않았다.

먼저 새누리당. 새누리당은 두 사람의 27세 남녀를 전국적인 화제의 인물로 부상시켰다.

박근혜 비대위원장은 27세의 기업 대표 이준석을 비대위원으로 발탁했다. 하버드대 출신이라 하여 주목받은 그는 "대학생들을 위해서 해결하고 싶은 문제가 많다"며 포부를 밝혔다. 그에 대해서는 박 위원장이 직접 나서서 부각시켜주려는 모습을 여러 차례 보여주기도 하면서 화제를 낳았다.

이와 함께 조중동 같은 친여 보수 언론들도 이준석 띄우기에 적극 나서며 가세했다. 그러나 초반의 요란했던 화제와는 달리 시간이 지나면서 이준석 비대위원은 관심권에서 멀어졌다. 그의 말을 인용해서 보도하거나 그의 동정을 보도하는 언론들도 점차 사라져버렸다. 요란했던 띄워주기와는 달리 새누리당 쇄신 과정에서 별다른 역할을 하지 못했다는 얘기가 된다. 그는 결국 여러 비대위원들 가운데 한 명일 뿐이었다. 그래서 그가 과연 여당의 쇄신을 선도하는 역할로 적임이었는지는 여전히 의문이다.

그 다음으로 등장한 사람이 역시 27세의 여성 손수조이다. 새누리당이 부산 사상구에 공천한 정치 신인 손수조 후보 역시 순식간에 전국적인 화제의 인물이 되었다. 고등학교 때 학생회장을 지내고 대학 졸업 후 홍보대행사에서 근무했다는 것 이외에는 이렇다 할 이력조차 없는 27세의 여성이 야권의 유력 대선주자인 문재인 후보의 대항마로 낙점된 것 자체가 얘깃거리였다. 최연소 여성 후보를 내세워 거물을 공략하자는 역발상의 전략인지, 아니면 패배시의 부담을 최소화하기 위한 손절매 전략인지에 대한 해석이 분분할 수밖에 없었다. 어느 경우이든, 정작 20대 세대의 진정한 대변자를 찾으려는 모습은 아닌 것 같아 개운치가 않았다.

만약 새누리당이 부산에서 거물급 후보를 내세웠다가 패배했을 경우의 충격을 피하기 위해 '버리는 패'로 손 후보를 선택한 것이었다면, 20대라는 젊음을 희생양으로 삼은 것밖에 되지 않는 일이다. 물론 손 후보 개인으로서야 선거 승패에 상관없이 전국적인 인물이 된 데 따른 수확을 거둘 수 있겠지만, 그것은 20대 내부의 연대의식과는 아무 상관도 없는 일이다.

그래도 손수조는 부산이라는 지역적 특성에다가 박근혜 위원장의 적극적인 지원 속에서 예상보다 높은 득표율을 기록했다. 그러나 이는 손수조라는 개인의 것이었고, 애당초 손수조가 신데렐라가 되느냐 여부는 20대 세대의 문제와는 아무런 관련이 없는 것이었다.

결국 서울시장 보궐선거에서 나타난 2040의 반란에 충격을 받아 새누리당이 청년 세대에 접근하기 위해 꺼내든 회심의 카드들은 작전 세력을 방불케 하는 보수 언론의 요란한 홍보 지원에도 불구하고 정작 그들 세대에게는 별다른 영향을 주지 못한 것으로 나타났다.

김영삼 전 대통령이 1954년 26세의 나이로 최연소 국회의원이 되거나 김상현 전 의원이 1963년 27세의 나이로 국회의원이 되었던 것, 혹은 김민석 전 의원이 1996년 32세의 나이로 국회의원이 되었던 것은 무엇보다 자신의 적극적인 정치적 의지와 노력에 따른 것이었다. 그들은 자신의 정치적 포부를 위해 그만한 공을 들이고 정치의 우물을 판 결과 그 나이에 국회의원이 되었던 것이지, 그냥 지나가다가 거금을 줍듯이 되었던 것은 아니었다. 그런 점에서 정치에 대한 기본적인 능력을 키우는 과정 없이 일시적인 이벤트를 통해 집권 여당의 지도부가 되거나 국회의원 후보가 되는 것은 그리 자연스러워 보이지 않았던 것이다.

야당이라고 해서 4·11 총선에서 청년 세대에 대한 접근을 제대로 한 것은 아니다.

민주통합당은 공천에서 청년비례대표제를 새로 도입하여 '슈퍼스타 K' 방식의 심사와 투표를 거쳐 선출된 4명을 당선 안정권 혹은 당선 가능권에 각 2명씩 공천했다. 게다가 최다 득표자는 최고위원에까지 임명되었다. 민주통합당에 대한 20대층의 관심을 불러일으키겠다는 구상이었다.

처음에는 슈스케식 선발 과정이 관심을 모을 경우 상당한 흥행이 될 것으로 기대했던 것 같다. 그러나 막상 그 과정은 별다른 관심을 끌지 못한 채 흥행에서도 실패하고 말았다. 청년비례대표 신청자 숫자도 기대를 밑돌았고, 그런 선출 이벤트가 있는지를 아는 사람들은 정당 안팎의 사람들 정도뿐이었다.

청년비례대표제는 통합진보당에서도 도입을 했다. 통합진보당의 경우 그래도 신청자들이 주로 사회단체 활동이나 정당 활동을 한 경우라서 정체성 면에서는 민주통합당의 경우보다 나았지만, 역시 세간의 관심을 모으지는 못했다.

젊은 세대의 아픔을 어떻게 대변할 것인가

4·11 총선에서 여야 정당들은 청년 세대의 지지를 얻어내기 위해 이 같은 이벤트성 기획들을 했지만 대부분 별 성과를 거두지는 못했다. 또한 청년 세대가 직면하고 있는 어려운 현실을 타개할 수 있는 대안적 공약들도 별로 새로운 것이 제시되지 못했다. 반값등록금 문제, 취업 문제, 아르바이트 문제, 학자금 대출 문제 등과 관련하여 더 이상 진전된 정책들이 제시되지 못하는 모습이었다.

4·11 총선에서 보여준 이 같은 결과는 2040세대에 대한 정치권의 접근이 진정성 없는 보여주기식 이벤트로는 아무 성과를 거둘 수 없다는 점을 말해 주고 있다. 기본적으로 청년 정치인들을 발굴하고 키우는 일은 일상적으로 꾸준하게 할 일이지, 이런 일시적인 이벤트식으로 할 일이 아니었다. 몇 차례의 오디션을 통해 어떻게 국회의원 역할을 수행할 개인의 자질과 능력을 깊이 있게 평가할 수 있으며, 그들이 같은 세대의 아픈 목소리를 대변할 수 있는지를 제대로 판단할 수 있겠는가. 자칫 그럴 듯하게 말 잘하는 사람 뽑는 이미지 정치의 답습이 될 위험이 큰 방식이었다.

청년 정치인의 역할을 높이겠다는 두 정당의 모습은 막상 공천 결과를 볼 때 진성성이 느껴지지 않았다. 대외적으로는 젊은 세대에게 큰 역할을 부여하는 것처럼 요란을 떨고 있지만 막상 그들의 역할은 달라진 것이 없다.

한창 미래에 대한 꿈을 가져야 할 20대가 등록금, 아르바이트, 취업 등의 현실 앞에서 절망의 세대가 되어버린 광경은 사회적 아픔이다. 그 아픔의 깊이에 비해 여야 정당이 그들에게 다가가는 접근법은 너무도 가볍게만 보인다. 그래서 청년 세대가 오히려 정치권의 들러리가 되어버린 느낌이다. '2040의 반란'에 대한 대답이 이런 수준의 것이라면 너무도 실망스럽다.

2

소통의 아이콘, 안철수 리더십

　지금의 대한민국 정치권에서 빼놓을 수 없는 인물이 안철수이다. 안철수 바람은 그야말로 태풍과도 같았다. 10·26 서울시장 보궐선거를 앞두고 갑자기 등장한 안철수의 존재는 서울시장 선거의 결과를 좌우한 것은 물론이고, 2012년 대선의 판도까지도 일거에 바꾸어 놓았다.

　서울시장 보궐선거 당시 여론조사 지지율이 50%를 넘던 안철수는 지지율이 5%인 박원순에게 후보 자리를 양보했고, 마지막 순간 그에 대한 지지 의사를 밝혀 박원순 서울시장의 탄생을 가능케 했다. 서울시장이라는 큰 자리에 도전하려 했다가 자신이 존경하던 인물을 위해 주저 없이 양보하며 손을 들어주던 그 모습을 보며 사람들은 기존 정치인들에게서는 경험해 보지 못했던 감동을 느낄 수 있었다.

이 감동은 더 거센 안철수 바람을 만들어냈다. 당시 철옹성과도 같았던 박근혜 대세론은 안철수 바람 앞에서 순식간에 무너졌고, 안철수는 대선 여론조사에서 박근혜마저도 제쳐버리는 안철수 현상을 만들어냈다. 그 어느 유력 정치인도 하지 못했던 일들을 정치에 발을 딛지도 않은 안철수라는 인물이 해 낸 것이다.

안철수 현상은 어떻게 가능했을까

주지하다시피 이 같은 안철수 현상의 바탕에는 2040세대의 열성적 지지가 있었다. 우리 사회의 젊은 층이 안철수라는 인물에 대해 그동안 갖고 있던 신뢰와 호의가 정치적 지지로 변화하는 일이 생겨난 것이다.

2040세대의 안철수 지지는 젊은 세대가 진보적인 인물을 선호한다는 기존의 통념만으로는 제대로 설명할 수 없다. 안철수는 그러한 과거 도식으로 설명하기에는 훨씬 폭넓은 지지층을 보여주었다.

안철수 지지층에는 야당 지지층뿐 아니라 정치적·이념적으로 중도 성향을 가진 층, 기존 정당을 지지하지 않던 무당파층이 대거 포함되어 있다. 심지어 새누리당을 지지하던 보수층 가운데서도 안철수 지지자들은 적지 않게 발견되었다. 기존의 보수-진보라는 이념적 이분법으로는 설명하기 어려운, 이념의 해체를 연상케 하는 지지층의 분포를 안철수 현상은 보여주고 있는 것이다.

어떻게 이런 상황이 가능했을까?

안철수의 매력은 기존의 보수와 진보를 넘어서는 그만의 콘텐츠를 갖고 있다는 데 있다.

그는 기본적으로 공익지향적인 인물이다. 안철수가 의사를 그만두고 당시로서는 돈벌이도 되지 않았던 컴퓨터 바이러스 백신 개발에 매달렸던 일, 어려운 여건에서도 백신을 개인들에게 무료로 배포했던 일 등은 이미 세상이 다 알고 있는 내용들이다.

특히 안철수가 미국 유학 중이던 1997년 미국의 거대 백신 업체 맥아피가 안철수연구소를 1천만 달러에 인수하겠다는 제의를 했지만 안철수가 이를 거절한 사실은 잘 알려진 일이다. 안철수는 거금을 받고 회사를 매각한다면 그 후에 직원들이 해고되어 실업자가 된다는 사실을 알았고, 한국의 바이러스 백신이 해외 업체에 의해 장악당하는 결과를 원하지 않았기 때문에 그 같은 선택을 했던 것이다. 안철수는 당시의 결정에 대해 한 번도 후회한 적이 없다고 밝히고 있다.

안철수의 공익적 활동은 2012년 출범한 안철수재단을 통해 절정을 이룬다. 그는 자신이 보유한 안철수연구소 지분의 절반을 출연하여 공익재단인 안철수재단을 만들었다. 이 재단은 "사회적으로 편중돼 있는 기회의 격차를 해소하는 데 주력할 계획"이라는 것이 안철수가 생각한 방향이었다. 실제로 재단 측은 "사회로부터 받는 혜택의 일부를 다시 사회로 돌려주려는 마음을 담고자 한다"며 "함께 살아가는 사회의 구성원 모두가 공평한 기회를 누릴 수 있는 사회적 토양을 일구는 데 기여하고자 한다"고 밝혔다.

안철수재단의 이러한 방향성은 평소 안철수가 강조했던 말과 궤를 같이한다. "혁신을 하려면, 싹을 자르지 않으려면 실패를 용인하는 사회가 되어야 한다. 도덕적이고 성실한 경우, 실수를 용납하면서 기회를 주다 보면 실패를 딛고 성공해서 국가나 기업에 도움이 될 수 있다"며 안철수는 경쟁에서 패배한 사람도 다시 기회를 얻을 수 있는 공정한 사회 추구를 강조해 왔다.

안철수의 이러한 생각은 우리 사회에 자리해 온 진보적 가치와 맞닿아 있다고 할 수 있다. 그는 기회의 격차를 해소하고 경쟁에서 실패한 사람도 기회를 가질 수 있는 사회를 추구하고 있다는 점에서 신자유주의의 문제점을 잘 알고 있는 인물이다.

공익 지향과 성공 신화의 결합

공익을 지향하며 공정한 사회를 그린다는 것이 안철수가 갖고 있는 전부는 아니다. 그렇다고 한다면 안철수의 모습은 기존의 진보 세력이 지향했던 가치와 대동소이한 것으로 받아들여질 수도 있고, 안철수만의 것이라고 설명되기는 어려울 것이다.

그에게는 공익적 가치의 추구와 함께 성공 신화의 주인공이라는 힘이 있다. 안철수는 컴퓨터 바이러스 백신 연구를 통해 IT 분야에서의 성공을 일구어낸 인물이다.

의사 – CEO – KAIST 교수 – 서울대 교수로 이어지는 경력도 젊은 세대에게는 어떤 의미에서든 사회적으로 성공한 인물로 비춰진다. 기존의 진보가 가치는 옳지만 그 같은 가치를 실현할 현실적 능력이 없는 것으로 비쳐진 반면, 안철수는 자신이 추구하는 공익을 현실 속에서 성공적으로 실현해 내는 능력을 가진 인물로 인정받을 수 있는 것이다.

중요한 것은 안철수의 성공 신화가 다른 재벌 기업인들이 보여준 속류적인 성공 신화, 그저 사업을 성공시켜 부를 많이 쌓았다는 식의 스토리와는 질적으로 다른 내용을 갖고 있다는 점이다.

그가 지향했던 공익은 보수냐 진보냐 하는 이념적 구분을 넘어 우리 사회가 공유할 수 있는 가치일 수 있었다. 또한 그의 성공 신화 역시 진보는 물론이고 보수의 세계에서도 롤모델로 삼을 수 있는 의미를 가진 것이었다.

이렇게 안철수의 공익 추구 정신과 성공 스토리는 하나로 결합되어 있었다. 그러하기에 보수와 진보의 경계를 넘어선 많은 사람들, 정치적으로 말하자면 무당파적 중도층이 그에 대한 지지층으로 폭넓게 자리하고 있는 것이다.

소통의 기반 위에 만들어진 안철수 바람

안철수가 갖는 또 하나의 힘은 소통의 리더십에 있다. 안철수가 2011년에 전국을 돌며 참여했던 청춘콘서트는 가는 곳마다 수천 명의 청춘들을 모으며 폭발적인 인기를 누렸다.

그들은 왜 그렇게 모였을까. 왜 안철수의 얘기에 귀를 세우고 들었을까. 참석자들 가운데서는 따뜻한 위로가 듣고 싶었다는 이야기가 많이 나왔다. 어쩐지 안철수는 20대의 어려움을 잘 알고 있을 것 같아 왔다는 이야기도 많이 나왔다.

실제로 안철수는 지금의 20대가 안고 있는 학자금, 취업, 진로 등의 문제에 대해 함께 걱정하며 그들에게 희망을 불어넣기 위한 말들을 많이 한다. 또한 20대 청춘들이 희망을 갖기 위한 사회에 대해서도 말한다. 그래서 20대 젊은이들에게 안철수는 누구보다도 자신들의 어려움과 아픔을 잘 알고 있는 사람으로 인식되고 있는 것이다.

20대 세대가 안철수에 대해 갖고 있는 인식이 사실에 부합되는 것이든 혹은 과장된 것이든, 안철수는 20대와의 소통에 성공하는 있는 셈이다. 그는 전국 곳곳을 다니며 수많은 젊음들을 만나왔고 지금도 만나고 있다. 그리고 진정성을 갖고 그들의 어려움을 위로하고 또 희망을 갖자고 말한다. 그 소통의 기반 위에서 안철수 현상이 생겨날 수 있었던 것이다.

이 같은 안철수식 소통은 그냥 모방할 수 있는 것이 아니다. 10·26 서울시장 선거에서 안철수 바람과 2040의 반란이 일어나면서 박원순 시장이 탄생하고 당시 한나라당 후보가 패하는 상황을 목격하자, 한나라당은 안철수를 본뜬 짝퉁 소통을 시도하기도 했다.

한나라당의 몇몇 정치인들이 젊은 세대와 만나 대화를 나누는 자리를 마련하고 이를 2040세대와의 소통 시도라고 알리기도 했다. 그러나 그러한 시도는 오래가지 못하고 실패로 끝났다. 형식은 따라했지만 진정성은 따라하지 못했던 이벤트성로 끝났기 때문이었다.

젊은 세대의 아픔을 마음으로 함께 느끼지 못한 채 정치적 목적이 앞서서 만들어지는 소통의 시도가 마음을 주고받는 진정한 소통이 될 수 없음은 자명한 일이다. 그런 점에서 안철수가 젊은 세대로부터 소통의 진정성을 인정받고 있다는 사실은 대단한 힘이 아닐 수 없다.

안철수, 보수와 진보를 넘어서다

안철수 현상은 정치 구조적인 측면에서도 이해될 필요가 있다. 아무런 세력도 없는 안철수라는 개인이 무당파층의 지지를 받으며 순식간에 대선 주자 지지율 1위에 올라서고, 더구나 정치에 발을 딛지 않고서도 그 영향력을 유지하고 있는 장면은 사실 정상적인 것이 아니다.

우리의 정당정치가 정상적으로 역할을 다하고 국민의 신뢰를 받았다면 이 같은 준혁명적 현상이 생겨나지는 않았을 것이다. 그런 점에서 안철수 현상은 정당정치의 위기를 말해 주는 것이기도 하다. 기존의 여야 정당들을 지지하지 않던 무당파층이 대거 안철수 지지로 모여들었던 점, 또한 그들이 여야 어느 정당에도 편입되지 않는 안철수의 독자성을 원했던 점은 모두 기존의 정당정치에 대한 강한 불신의 결과라 할 수 있다.

이제 안철수는 다시 정치적 주목을 받는 상황이 되었다. 그의 정치 참여를 염두에 두었을 때, 안철수는 분명 정치적 한계가 많은 인물이다.

우선 자신의 정치 세력이 없다. 그냥 개인이다. 그리고 정치적 자질과 능력에 대한 검증을 거치지 않았다. 백신 기업인으로서야 뛰어난 능력을 보인 그이지만, 그것이 정치를 잘하는 능력과 같은 것인지는 불분명하다. 그냥 그에 대한 인간적인 신뢰 위에서 잘할 것이라고 믿는 수준이다. 이러한 점들은 정치인 안철수를 떠올렸을 때 생각하는 취약점들이다.

그러나 반대로 그는 기존의 정치인들이 보여주지 못했던 자신만의 매력을 갖고 있는 인물이다. 안철수는 보수와 진보의 이분법을 넘어설 수 있는 가능성을 갖고 있다. 그의 선택과 생각은 보수냐 진보냐에 따라 이루어지는 것이 아니라, 상식이냐 비상식이냐에 따라 이루어지고 있기 때문이다. 안철수는 상식의 잣대로 비상식을 판단하고 극복하려 한다.

상식의 잣대는 때로는 진보가 껴안을 수 있는 것보다 더 많은 것을 껴안을 수 있다. 상식에 동의하는 사람은 이념적 진보에 동의하는 사람보다 훨씬 많을 수 있기 때문이다. 그래서 안철수가 오랜 세월 보수와 진보의 이분법에 의해 제약받고 갇혀 있던 한국 정치의 리더십에 새로운 전형을 창출할 수 있을지 주목되는 것이다. 이제 그를 통한 한국 정치의 '패러다임 쉬프트'Paradigm Shift 가 가능할 것인지, 관심 있게 지켜볼 일이다.

보수와 진보는 상호 보완적이어야 한다

"우리나라는 보수와 진보가 너무 심하게 싸운다. 보수나 진보가 서로 적이 아니고 상호보완적이어야 한다. 둘이 타협점을 찾아서 가는 게 사회 발전인 것 같다."

2012년 4·11 총선을 앞둔 3월 27일 안철수 교수가 서울대 강연에서 했던 말이다. 그는 이 말을 하면서 "제가 정치에 참여를 하게 된다면 이것 하나는 확실하다. 어떤 특정한 진영 논리에 기대지 않을 것"이라고도 말했다. 아울러 "(정치에 참여한다면) 공동체의 가치를 최우선적으로 삼는 쪽으로 하지 진영 논리에 휩싸여 공동체의 가치를 저버리는 것은 지금까지의 나의 생각과 행보에 맞지 않다"고도 덧붙였다. 이는 우리 사회의 이념 문제, 그리고 그 속에서 자신의 위치를 어떻게 설정하고 있는가를 알 수 있는 말이다.

앞에서 얘기한 안철수의 말은 한마디로 보수와 진보가 편을 가르고 싸우는 한국 정치사회의 구조적인 문제점을 지적하며 양자 사이의 소통과 상호 보완적 역할을 강조한 것이다. 물론 이러한 문제 제기가 안 교수에 의해서만 이루어졌던 것은 아니다. 많은 정치인들 혹은 지식인들이 한국 사회의 이념적 대립의 문제점을 지적해 왔고 보수와 진보 사이의 소통 혹은 통합의 필요성에 대해 말해 왔다. 그러나 그 같은 문제 제기는 대부분 그때뿐이었다.

우리의 정치 환경은 보수와 진보 사이의 이성적인 대화와 소통을 허락하지 않았다. 정치의 중요한 고비마다, 특히 선거 때가 되면 보수와 진보 진영 사이의 이념적 대결은 빠짐없이 등장했다. 보수는 자신들의 권력을 빼앗기지 않기 위해 색깔론까지 들먹이며 진보를 공격해 왔다. 이에 진보 또한 방어적 차원에서 맞공격을 하곤 했다. 한국의 보수와 진보는 화해가 불가능한 적대적인 세력으로 늘 자리해 왔다.

그러하기에 안철수가 생각하고 있는 방향은 기본적으로 옳고 정당하다. 생각해 보라. 세상에 우리처럼 낡은 이념 대결이 여전히 반복되고 있는 사회가 또 어디 있겠는가.

20세기와 함께 퇴장했어야 할 낡은 이념 대결의 유물을 끌어안고 우리는 지금도 반목하고 대결하고 있다. 신자유주의를 내걸고 있는 남한과 여전히 자기식 사회주의를 고수하고 있는 북한 사이에서도 교류와 협력이 추진되었던 것이 오늘의 세상이다. 같은 한반도 남쪽 땅덩어리에 살면서 서로가 존재를 인정하지 않고 원수 보듯이 하며 살아가고 있으니 이 얼마나 소모적인 씨름인가.

이제 한국의 보수와 진보는 새로운 관계를 정립해야 한다. 보수는 진보에게 빨간색을 덧씌우기에 정신이 없고, 진보는 그들에게 '수구꼴통'이라는 야유를 보내는 적대적 관계는 극복될 필요가 있다. 보수와 진보는 서로를 인정하고, 여론 시장에서 공정한 경쟁을 벌여나가는 관계가 되어야 한다. 이것이 오늘의 한국 사회가 요구하는 통합의 시대정신이 될 것이며, 이것을 실천하려는 정치적 노력이 통합의 리더십으로 등장해야 할 것이다. 그런 점에서 안철수가 보수와 진보가 지나치게 싸우는 한국 사회의 문제점을 지적하고 양자 사이의 상호 보완적 관계를 강조한 것은 타당하다.

그러한 통합의 리더십의 필요성은 그동안 여야를 막론한 많은 정치 리더들 사이에서도 강조되었던 바이다. 정권들도 들어서기만 하면 통합의 중요성을 강조하곤 했다. 김대중, 노무현 정부는 물론이고 이명박 정부에서조차 사회 통합을 강조했다. 그러나 언제나 문제는 통합의 과제가 정치적 구호로만 등장했지, 이를 진정성을 갖고 막상 실천하는 모습을 찾아보기는 어려웠다는 점이다. 통합의 노력이 강조되었다가도 정치사회적 쟁점을 둘러싼 갈등이 부상하거나 선거 같은 정치 일정이 있게 되면 다시 보수와 진보는 서로를 박멸해야 하는 존재 정도로 몰아붙이며 사활적인 대결을 벌이는 상황이 반복되었다.

안철수, 탈(脫)진영 논리의 문제는 없을까

그렇다고 해서 보수와 진보 사이에서 '그 놈이 그 놈이다'라는 식의 양비론을 펼 일은 전혀 아니다. 한국 사회에서 보수와 진보가 지나친 이념 싸움을 벌이고 있는 데 대한 책임이 보수와 진보 양측에게 똑같이 있다고 양비론을 펴는 것은 공정하지 못한 판결이다. 그동안 한국 사회의 역사에서 이념 대결에 관한 한 가해자는 보수였고 피해자는 진보였기 때문이다. 이는 단순히 현재의 상황만 놓고 볼 문제가 아니라 역사적 과정 속에서 이해할 필요가 있다.

8·15 이후, 특히 6·25 전쟁 이후 한국 사회에서 진보는 줄곧 보수 권력에 의해 탄압의 대상이 되어왔다. 남북분단의 체제는 오랜 세월 동안 반공을 지배이데올로기로 유지시켰으며, 보수 세력이 장악한 권력은 진보 세력에 대한 통제와 탄압을 하면서 권력을 유지했었다. 지금이야 통합진보당이나 진보신당 같은 진보 정당들이 정상적인 정당 활동을 하는 정도로까지 공간이 넓

어졌지만, 이 정도에 오기까지 얼마나 많은 희생들이 있었는지 모른다.

물론 진보 정당이 국회에 진출하여 활동하는 시대가 되었다고 해서 이들에 대한 박해가 다 사라진 것은 아니다. 진보에 대한 보수로부터의 폭력적인 공격은 지금도 일상적으로 계속되고 있다. 조중동으로 대표되는 보수 언론들은 사실 관계에 상관없이 진보에 대한 정치적 음해를 계속하고, 보수 정치 세력은 이를 받아 확대, 재생산하며 정치적으로 이용하고 있다. 우리 사회의 진보 또한 종종 과거의 이분법적 틀에 갇혀 화석화된 모습을 보이지만, 그래도 진보는 방어적인 위치에 설 때가 대부분이다. 늘 선제적인 도발은 보수에 의해서 자행되어온 것이 사실이다.

이러한 역사적 전개 과정을 이해한다면 보수와 진보의 공존을 위해서는 보수의 성찰과 변화가 선행되어야 한다는 점을 분명히 말할 수 있다. 최소한 진보를 향한 폭력적인 도발 행위는 사라져야 공존의 터전이 마련될 수 있음은 기본적인 룰에 속하는 문제이다. 이는 결코 공존의 환경이 이루어지지 못한 데 대해 책임 떠넘기기 차원의 얘기가 아니라, 막연히 구호로서의 공존을 외치는 것을 넘어 보다 현실적인 해법을 찾자는 얘기이다. 보수의 변화 없이는 한국 사회의 이념적 대결이 극복되기 어려운 것이 현실이기 때문이다.

물론 보수의 성찰과 변화가 있다면 진보 역시 그에 화답해야 함은 당연한 일이다. 진보도 마땅히 보수에 대한 적대적 의식을 넘어 공존의 정신을 가질 필요가 있다. 문제는 이러한 과정의 결실이 단기간 내에 이루어지기를 기대하는 것이 현실적으로 매우 어렵다는 점이다.

오늘날 한국의 보수, 구체적으로 보수 정치 세력과 보수 언론이 그러한 선도적 변화를 도모할 것을 기대하는 일은 연목구어가 될지도 모르는 것이 엄연한 현실이다. 4·11 총선 과정에서 있었던 새누리당과 조중동의 구태의연한 색깔 공세는 그들이 과연 변할 수 있을 것인가에 대한 절망적인 판단을 낳을 뿐이었다. 최근에 있었던 통합진보당의 내분 사태와 관련해서도 조중동 등 보수 언론은 느닷없이 대대적인 색깔 공격을 하며 진보 정당의 존재 자체를 부정하려는 듯한 태도를 보였다. 이것이 아직 한국 사회의 현실이다.

그렇기 때문에 안철수가 말하는 큰 틀의 방향에는 동의하면서도, 아직 공존의 토양이 마련되지 못한, 그래서 진보가 여전히 이념적 공세에 시달려야 하는 현실에서 그의 방법론이 현실적인 대안이 될 수 있겠는가라는 의문은 든다. 보수와 진보가 공존하는 시대를 여는 일은 단순히 어느 진영에도 속하지 않고 자신의 중립적 순결성을 지킨다고 해서 이루어질 성질의 것은 아니기 때문이다. 안철수에게 중요한 것은 보수와 진보 사이에서의 중립을 지키는 것 자체가 아니라 낡은 이념 대결을 극복할 수 있는 현실적인 해법을 찾는 일이다.

물론 안철수가 역사의 흐름을 거스르는 결과를 낳을 선택을 하리라고 보지는 않는다. 그는 지난 해 서울시장 보궐선거 당시 자신의 출마 여부에 대해 〈오마이뉴스〉와의 인터뷰를 통해 이렇게 말한 적이 있다.

> "오세훈 시장 사퇴 이후 한나라당이 다시 서울시장에 당선될 수 있다는 여론의 흐름을 보고 주변에서 걱정들을 많이 해 나라도 나서야 하지 않겠는가 하는 생각이 들게 됐다. 이번 서울시장 선거를 볼 때 제일 중요한 것은 그 결과가 역사의 물결을 거스르면 안 된다는 점이다. 제일 중요한 것은 역사의 물결이다. 저도 역사의식이 있는 사람이라 역사의 물결을 거스르면 안 된다는 확신을 갖고 있다. 그 어떤 결정도 역사의 물결을 거스르는 결정은 절대 안 할 것이다."

범야권과 안철수가 해결해야 할 공동의 숙제

안철수는 최소한 역사의 발전을 위한 정치적 선택이 어떤 것이어야 하는지에 대한 고민과 생각을 갖고 있는 사람이다. 서울시장 보궐선거만 봐도 자신이 독자 후보로 출마해서 야권의 분열을 낳고 결과적으로 한나라당의 확장을 도와주는 일을 해서는 안 된다는 판단을 하고 있었던 것이다.

그렇기 때문에 그가 진보 세력 앞에서 "적어도 내가 지금의 여당 세력을 돕는 선택을 하지는 않을 것"이라는 식의 양심선언을 하지 않는다고 해서 그의 행보에 대해 큰 우려를 가질 필요는 없다고 본다. 그가 어느 진영에도 속하지 않을 것이라고 말했다고 해서, 그것이 꼭 혼자 독자 노선을 가서 범야권의 분열을 가져올지 모른다고 우려하는 것은 필요 이상의 걱정이다. 안철수가 서울시장 보궐선거와 4·11 총선을 앞두고 지지 의사를 밝혔던 인사들이 모두 범야권 인사였다는 점에서, 그가 생각하는 정치적 방향이 어떠한 것인가는 충분히 읽을 수 있는 문제이다.

다만 그가 보수와 진보의 이분법을 넘어 일종의 제3의 길을 모색하려는 탈이념적 지향이 현재 진보 진영의 요구와 어떻게 소통이 되고 조율이 되어야 하는가는 공동의 숙제로 남는다. 신자유주의 아래에서 사회적 약자들의 고통을 해결하기 위해서는 야당이 진보적인 노선을 강화해야 한다는 요구가 존재하는 현실과 안철수의 탈진영 논리가 충돌 없는 조화를 이루는 일은 그리 쉬운 일이 아닐 수 있다.

　범야권은 올해 양대 선거를 치르는 과정에서 대체로 진보적인 정체성을 강화하는 추세이다. 더구나 4·11 총선에서 민주통합당과 통합진보당의 연대를 거치면서 민주통합당의 경우도 정책들의 좌클릭이 진행되었다. 안철수가 보수−진보의 이분법을 넘으려는 생각과 이러한 추세가 어떻게 조화를 이루며 연대를 가능하게 할지, 상호 간의 성찰적인 대화와 소통이 필요해 보인다. 12월 대선에서는 범야권의 연대를 위한 중요한 과제이다.

4

문재인과 안철수,
정권 교체의 파트너

　문재인이 4·11 총선에서 살아 돌아왔다. 비록 새누리당이 손수조라는 황당한 카드를 후보로 내세워 승리를 예견할 수 있었지만, 그래도 야당의 사지로 불리는 부산의 선거였기에 끝까지 긴장을 풀 수 없는 선거였다. 문재인은 새누리당의 심장부에서 훌륭히 선거를 치르고 이제 명실상부한 정치인이 되어 돌아온 것이다.

　그동안 민주통합당의 유력 대선 주자로 거론되던 그는 이제 본격적으로 대선 주자 반열에 오르게 되었다. 문재인에게 있어서 4·11 총선은 대선 주자로 자리매김하기 위한 최대 관문이었던 셈인데, 그 관문을 일단 통과한 것이다.

야권의 대선 주자, 문재인

이제 문재인의 대선 행보에는 탄력이 붙게 될 것이다. 4·11 총선에서 부산에서의 문재인 바람이 기대보다는 약했지만, 그래도 그는 민주통합당 내에서 선두를 달리는 대선 주자이다.

벌써부터 민주통합당 내에서는 문재인 대망론이 나오고 있다. 문재인이 부산에서의 승리를 발판으로 대선 주자로서 상승세를 탈 것이므로, 이제 안철수를 향한 러브콜을 거둬들이고 정체성이 분명한 문재인으로 가야 한다는 의견이다. 특히 안철수가 민주통합당 입당에 대해 답을 주지 않음에 따라 민주통합당은 민주통합당대로 가야 한다는 목소리도 커지고 있다. 행보가 모호한 안철수에 매달리지 말고 야권의 단일 후보로 문재인을 기정사실화하며 대선으로 가자는 것이다.

이러한 주장은 사실 4·11 총선 이전에도 문재인의 지지율이 상승하면서 민주통합당 내에서 심심치 않게 고개를 들었던 바 있다. 그러면서 안철수에 대한 민주통합당의 관심이 줄어드는 분위기도 감지되었다.

그러나 안철수를 배제하고 문재인으로 가자는 것은 민주통합당 중심의 오만한 발상이며 정권 교체를 위태롭게 하는 위험한 주장이다. 과연 문재인 단독 카드로 12월 대선에서 박근혜 위원장에게 승리를 거둘 것이 확실할지 아무도 장담할 수 없기 때문이다.

물론 문재인은 많은 강점을 가진 좋은 후보이다. 그가 갖고 있는 강직하고 불편부당한 이미지는 대중들의 호감과 신뢰를 가능케 하는 힘이 되고 있다. 그는 참여정부에서 요직을 지냈던 다른 인사들과는 달리, 정치적 비토층이 적은 편이다. 사람들의 눈에 거슬리는 튀는 행동을 절제하며 과묵한 모습을 보여서인지, 노무현 전 대통령을 거부하던 사람들조차도 그에 대해서는 거부감을 드러내지 않는다. '친노'로 불리우는 정치인 가운데서 아마도 외연이 가장 확대될 수 있는 인물일지 모르겠다.

무엇보다 그가 갖고 있는 가장 큰 힘은 진정성의 정치를 한다는 점이다. 야권 내에서 이런저런 문제가 생겼을 때 문재인이 막후에서 해결사 역할을 하곤 했던 것도 그가 정치적 기술에 능해서였기 때문은 아니다. 사람들은 그가 사심 없이 진정성을 갖고 정치를 한다고 믿고 있기에 그 같은 힘이 생겨날 수 있었던 것이다. 이렇듯 문재인은 야권의 훌륭한 대선 주자이다.

그러나 대선이라는 대회전을 앞두고 그의 좋은 점만을 열거하며 장밋빛 그림을 그리고 있을 일은 아니다. 무엇보다 정치인으로서 대중에게 얼마나 호소력을 갖고 지지를 끌어모을 수 있는지는 박근혜와의 대결을 염두에 두었을 때 쉽지 않는 과제이다. 오랫동안 참모로서 정치를 해 왔던 그가 대중들의 마음을 움직이며 끌어모으는 대중 정치인으로 거듭나야 대선에서의 경쟁력도 확보될 수 있기 때문이다. 4·11 총선에서 확인된 박근혜의 탄탄한 지지 기반을 감안하면 민주통합당과 문재인의 힘만으로 12월 대선에서 야권의 승리를 기대하는 것은 힘겨운 일이다.

그래도 안철수가 필요하다

지금 중요한 것은 범야권의 특정 인물로 대선 후보에 대한 결론을 내리는 것이 아니라, 범야권의 인재들을 최대한 판에 끌어들여 범야권 후보의 경쟁력을 극대화시키는 일이 될 것이다. 그런 점에서 문재인의 행보와는 상관없이 안철수의 참여는 범야권에게 꼭 필요한 부분이다.

주지의 사실이지만, 안철수는 지난해 10·26 서울시장 보궐선거 이후 대선 주자 지지율 1위로 올라섰던 인물이다. 박근혜 대세론을 무너뜨리고 지지율 경쟁에서 그를 따돌린 장본인이었다. 그동안 정치 참여 여부에 대해 분명한 입장을 밝히지 않아 한동안 그에 대한 관심이 소강 상태에 들어가기도 했지만, 그는 변함없이 12월 대선의 살아 있는 한 축이다.

범야권에 안철수가 필요한 이유는 간단하다. 새누리당의 재집권에 반대하는, 그래서 범야권으로 분류되는 인물 가운데 가장 경쟁력이 높은 주자이기 때문이다. 물론 그에 대한 사회적 신뢰와 지지가 두텁게 자리하기에 가능한 일이다.

그렇다면 12월 대선에서 정권 교체를 반드시 이루어야 할 범야권의 입장에서 가장 경쟁력 있는 인물을 제외하고 차선의 대안들만으로 판을 만든다는 것은 문제가 있다. 대선 승리를 위해서 총력을 기울이는 모습이 아닌 것이다. 물론 최종적으로야 문재인과 안철수 가운데 박근혜 위원장을 상대로 함에 있어서 누가 경쟁력이 더 높을지는 지켜봐야겠지만, 일단 안철수의 참여가 범야권에 절실히 요구됨은 분명한 사실이다.

그렇다고 해서 안철수가 정체성 면에 있어서 범야권 후보로서 부적격한 문제가 있는 것도 아니다. 전통적인 이분법에 따른 진보를 표방하지 않았다고 해서 정체성의 문제를 제기한다면 이는 이념의 시대를 넘어서는 시대 환경의 변화를 읽지 못하는 경직된 사고이다. 물론 대선 후보로서 안철수에 대한 검증은 여러 각도에서 이루어져야 하겠지만, 일단 선한 사고를 갖고 있으며 외연을 가장 확장할 수 있는 인물임에는 분명해 보인다.

따라서 문재인이 있다고 해서 안철수 없이 그냥 가자는 견해는 12월 대선을 자기들끼리의 선거로 치르려는 정파적 발상이라고 지적할 수 있다. 범야권 세력이 대선으로 가는 과정은 정파나 정당의 틀 내에서 자기들만의 판단으로만 가서는 안 되고, 정권 교체를 바라는 모든 국민에게 물으면서 그들과 함께 가야 하는 것이다. 안철수가 반드시 대선 경쟁의 판에 뛰어들 수 있도록 범야권, 특히 민주통합당이 멍석을 제대로 깔아야 하는 이유이다. 민주통합당은 12월 대선에서 범야권 후보 문제에 대해 결코 정파적 차원으로 접근해서는 안 될 것이다.

안철수도 이제는 적극적인 생각으로 전환해야 한다. 그동안 안철수를 둘러싼 정치 환경은 정말로 그가 정치에 참여해야 하는 것인가에 대해 결론을 내리기 어려울 정도로 유동적이었다. 그러나 이제 4·11 총선도 끝났고 대선으로 가는 길이 어떠한 것인가도 어느 정도 윤곽이 드러났다. 당연히 현재 범야권의 인물 분포를 감안할 때 안철수의 역할과 책임이 무엇인가도 알 수 있게 되었다. 그렇다면 이제는 안철수도 그동안의 모호한 태도에서 벗어나 정치 참여, 대선 참여의 결단을 내려야 할 것이다.

물론 그 과정은 역동적이어야 한다. 안철수도 범야권 세력이 자신을 단일 후보로 추대해 주기를 기대하며 편하고 쉬운 길을 원해서는 안 될 것이다. 문재인을 비롯한 범야권의 다른 인물들과 경쟁을 거쳐서, 그리고 그 과정에서 승리하고 박근혜를 꺾어 대통령이 되겠다는 각오와 결의로 임해야 한다.

아무리 안철수의 여론조사 지지율이 높게 나온다 해도, 경쟁 없는 추대는 현실적으로 불가능할 것이고 안철수에게도 도움이 되지 않을 것이다. 안철수와 문재인이 야권 단일 후보 자리를 놓고 경쟁을 벌이는, 그래서 국민경선을 치르는 과정은 국민의 시선을 집중시킬 빅 매치가 될 것이고, 누가 후보가 되든 이는 범야권 단일 후보의 경쟁력을 높이는 결정적인 계기가 될 수 있을 것이다.

범야권 단일 후보로 문재인이 되든, 안철수가 되든, 경선에 승복하여 두 사람이 손잡고 전국을 누비게 된다면 박근혜가 그 힘을 당해 내기는 어려울 것이다. 이렇듯 문재인 - 안철수의 조합을 통한 선의의 경쟁은 범야권의 정권 교체 가능성을 획기적으로 높이는 발판이 될 것으로 보인다.

문재인과 안철수는 대체재가 아닌 보완재가 되는 것이 맞다. 두 사람은 12월 대선까지 함께 가야 하는 시대적 요구를 받고 있는 것이다. 12월 대선에서 범야권의 승리 여부는 이렇게 당사자들이 어떻게 판을 만들어가느냐에 따라 크게 좌우됨을 잊어서는 안 된다.

5

박근혜, 소통 부재의 리더십

4·11 총선에서 새누리당은 예상을 뒤엎고 야당에게 승리를 거두었다. 새누리당의 승리는 한마디로 박근혜의 승리였다. 그는 자기 대선을 치르듯이 전국을 누비며 바닥에 있던 새누리당을 승리자로 만드는 데 성공했다.

안철수의 등장 이래 무너진 듯했던 박근혜 대세론이 다시 등장했다. 그는 여당 내 부동의 대선 후보로 위치를 굳혔고, 12월 대선 레이스의 선두 주자로 다시 나섰다.

4·11 총선에서 보여준 박근혜의 힘은 강력했다. 수도권에서야 박근혜 효과라는 것이 대단하지 않았지만, 다른 지역에서는 그렇지 않았다.

대구-경북은 박근혜에 대한 전폭적인 지지를 보여주었다. 야당 바람이 불지 모른다 했던 부산 - 경남은 박근혜의 거듭되는 지원 유세에 힘입어 야당 바람이 차단되었다. 강원에서도, 충청에서도 박근혜 효과는 보수층의 결집으로 이어졌다. 그는 건재했다.

박근혜의 변함없는 힘

박근혜의 힘은 어떤 것일까.

우선 그는 선이 굵고 분명한 리더이다. 그는 소소한 것에 집착하지 않고 큰 방향의 것을 보고 가는 모습을 보여준다. 그러다 보니 자신 나름의 원칙을 중시하고 예스와 노가 분명하다. 이명박 대통령이 그렇게까지 밀어붙이려 했던 세종시 수정안에 대한 반대, 새누리당의 쇄신에 대한 단호한 입장 등을 보면 리더로서의 가볍지 않은 무게와 분명한 원칙을 발견할 수 있다.

박 위원장은 그렇게 많은 말을 꺼내지는 않지만, 그의 단호하고 분명한 어법에는 많은 의미가 실려 있곤 하다. 어떤 사람들은 과거 대통령의 딸로 성장했기에 그 과정에서 얻은 큰 스케일의 결과가 아니겠느냐고 해석하기도 한다. 어찌되었든 그동안 박 위원장이 이런 모습을 계속 보여준 것은 단지 아버지의 후광을 넘어서는 자신의 능력으로 평가받는 것이 공정하다고 생각된다.

그리고 박 위원장은 여론을 받아들인다. 그는 이명박 대통령에 대한 민심의 이반, 그리고 과거 한나라당에 대한 여론의 비판에 귀 기울이는 자세를 취했다. 복지정책에 관해서도 이명박 대통령과는 달리 적극적인 수용의 자세를 보였다. 이는 이 대통령이 여론에 구애받지 않고 자신만의 생각을 고수하는 독선을 부렸던 것과는 대비되는 모습으로 받아들여졌다. 그가 한나라당의 간판을 바꾸면서까지 당 쇄신에 나섰던 것도 한나라당에 등 돌린 민심을 그만큼 심각하게 받아들였음을 보여주는 대목이었다.

박 위원장은 한나라당이라는 같은 배를 타고 있었을망정, 이 대통령처럼 꽉 막힌 정치인은 아니었다. 이 대통령과는 달리, 그는 방향을 읽는 능력과 결단할 때 결단할 줄 아는 힘을 갖고 있었다. 박근혜는 이명박보다는 수준이나 자질 면에서 한 단계 위에 있는 정치인이었다. 그 같은 내공이 있었기에 4·11 총선에서 새누리당을 승리로 이끌었을 것이다.

소통 부재의 낡은 리더십

새누리당의 총선 승리로 박근혜는 12월 대선 고지의 가장 유리한 위치에 서게 되었다. 박근혜는 2012년 대선 레이스에서 출발선을 가장 먼저 박차고 나간 주자이다.

여당 내에서는 그와 경쟁할 사람이 없고, 야권의 후보 윤곽은 시간이 더 걸려야 드러날 전망이다. 현재의 시점에서만 말한다면, 그는 18대 대통령 자리에 가장 먼저 가까이 다가가 있는 인물이다.

그러나 그럼에도 박근혜의 대선 가도가 그리 순탄해 보이지 않는 이유는 무엇일까. 그의 리더십이 새로운 변화의 시대에 부응하지 못하는 낡은 성격을 드러내고 있기 때문이다.

박 위원장은 여러 면에서 구시대적 리더십의 한계를 드러냈다. 우선 소통의 부재라는 문제를 그는 줄곧 보여왔다. 그는 이명박 대통령 시대를 단절해야 할 과거로 규정했지만, 박근혜 자신도 이 대통령의 치명적 문제인 소통의 부재를 답습하고 있다. 그래서 이명박이나 박근혜나 불통의 습관은 마찬가지라는 지적이 따라다닌다.

집권 여당을 대표하고 있는 공인 중의 공인인 그는 언제나 베일 속에 가려져 있다. 박근혜 위원장은 누구를 만나고 누구에게 조언을 듣는지, 어떤 과정을 거쳐 중요한 문제들에 대한 판단을 하는지, 이 모든 것들이 감추어져 있다. 인사를 한 번 하더라도 보안만 강조되었지, 여론 수렴이나 사전 검증을 위한 절차는 없는 경우가 대부분이다.

그는 결론만 들려주지 과정을 알려주지 않는다. 결과적으로 과거 시대에나 어울릴 밀실에서의 정치에는 강하지만, 변화하는 시대에 걸맞는 투명한 정치와는 거리가 멀다는 지적이 나오는 이유이다.

투명하지 않은 정치 스타일은 필연적으로 제왕적 정치 지도자의 모습을 띠게 되어 있다. 과정을 보여주지 않고 결과만 보여주는 정치는 지도자의 무오류성이 보장되어야 힘을 가질 수 있다. 그러나 정치 지도자도 사람인데 어찌 잘못과 실수가 없겠는가. 문제는 박 위원장처럼 과정을 공개하지 않고 결론만 제시하며 그에 따를 것을 요구하는 정치 방식에서는 잘못된 결정이 초래할 위험성이 한층 커진다는 점이다.

4·11 총선 직후에 있은 문대성, 김형태 당선자에 대한 판단 오류가 대표적인 사례였다. 당시 문 당선자는 논문 표절 논란으로 당선되자마자 사퇴 압력을 받았다. 제수씨에 대한 성추행 논란을 일으킨 김형태 당선자도 마찬가지였다. 논란이 확산되고 있는 가운데 박근혜는 사실 관계에 대한 명확한 결론이 내려질 때까지 그에 대한 판단을 유보한다는 입장을 내놓아 그들의 사퇴 요구에 반대하는 입장을 보였다.

그러나 그들의 잘못은 이미 명백한 사실로 드러나고 있는 상황이었고, 박근혜의 그 같은 입장은 여론에 맞서는 무모한 것으로 받아들여졌다. 결국 두 당선자는 얼마 후에 새누리당을 탈당하고 말았다. 이 과정은 박근혜 리더십에 상처를 남겼다.

어떤 문제에 대한 결론을 내리기 이전에 두루두루 의견도 듣고 확인할 것도 확인하면 여러 위험들이 사전에 걸러지는 효과가 있다. 그러나 언제나 간결한 결론만 제시하는 박 위원장의 방식은 그만큼 위험 부담이 크고 그 책임도 자신에게 돌아가게 되어 있다.

4·11 총선 직후 새누리당, 특히 친박 진영 내에서 이런저런 상호 견제의 모습이 드러나자 박 위원장은 정쟁과 갈등을 비판하는 경고 메시지를 내놓았다. 그의 경고 발언이 있자마자 지도부 경선에 나서려던 친박 인사들이 모두 불출마를 선언하는 진풍경이 빚어졌다. 당내에서도 당 대표 경선에 나서겠다는 사람을 찾기가 어려운 상황이 한동안 계속되었다. 모두가 박 위원장의 눈치를 보며 얼어붙었던 것이다.

박 위원장의 경고는 대선 후보 경쟁에 뛰어든 인사들에게도 향했다. 완전 국민경선제를 요구하며 경선룰 개정을 요구하는 다른 주자들을 정쟁으로 비난하며 경고하고 나선 것이다.

민주 정당에서 경선을 하려면 이런저런 시끄러운 일들도 있고 갈등도 생겨나는 법이다. 그런데 박 위원장은 그런 모습을 받아들이지 않으려는 태도를 줄곧 보였다. 단합하며 일사불란하게 나갈 것을 요구하기만 했지, 자신과 다른 목소리가 터져나오는 것은 용인하지 않으려는 태도를 보였다. 마치 아버지인 박정희 대통령 시절, 경제개발을 위해 단결할 것을 요구하며 자신을 반대하는 목소리를 용납하지 않았던 권위주의적 리더십을 떠올리게 하는 장면들이었다.

박 위원장은 주변 인사들이 자신의 생각과 다른 의견을 공개적으로 내놓는 것을 무척 싫어하는 것으로 알려져 있다. 그런 분위기 속에서는 일방적으로 보스를 따르는 정치인들은 많겠지만, 서로 소통하며 함께 앞길을 개척해 가는 정치 세력이 되기는 어렵다. 그런 점에서 박 위원장은 새로운 시대가 요구하는 열려 있는 소통의 리더십을 보여주지 못하고 있다.

박근혜 리더십은 미래를 감당할 수 있는가

또한 박 위원장은 우리 사회가 요구하고 있는 통합의 리더십을 보여주지 못하고 있다. 이념과 가치의 면에서 그의 시계는 과거에 멎어 있다. 보수 편향적인 이념과 가치가 그의 사고를 지배하고 있는 것이다.

그동안 그가 우리 사회의 진보에 대해 포용적인 자세를 취하는 것을 나는 본 적이 없다. 또한 부친인 박정희 시대의 잘못에 대해 진정성을 갖고 성찰하거나 피해자들에게 손을 내미는 모습을 본 적이 없다. 박 위원장은 언제나 개발 독재 세력의 편에, 또한 보수 세력의 편에 서 있을 뿐이었고, 한 번도 이를 넘어서기 위한 화해와 통합의 리더십을 보여준 적이 없다.

이는 박근혜 리더십이 과거 시대에 갇혀 있는 낡은 리더십이며, 변화하는 미래를 책임질 수 있는 새로운 리더십이 되지 못함을 말해 준다. 2012년 대선에 도전하려는 그에게는 중대한 결함이다.

그는 미래를 말하곤 하지만, 정작 미래의 대한민국 지도자에게 요구되는 리더십의 내용이 근원적으로 충족되지 못하고 있다. 정치적인 능력은 보여주고 있지만, 변화하는 시대의 미래 한국을 이끌 새로운 리더십에 이르지 못하는 것이 그의 한계이다. 권위주의적이고 이념 편향적인 낡은 리더십으로는 대한민국의 미래를 감당하기 어렵다.

6

'빠'의 정치문화, 소통의 단절

'빠'. 한국어 위키백과에는 이렇게 설명이 나온다.

> '빠'는 어딘가에, 특히 한 사람에게 심하게 빠져 있는 사람을 비하해서 부르는 비속어로, 반댓말, 즉 안티를 가리키는 말로는 '까'가 쓰인다.

우리 정치에서 '빠'라는 말이 등장한 지도 제법 된 듯하다. 노빠(노무현빠), 유빠(유시민빠), 박빠(박근혜빠), 문빠(문국현빠)…. 정치인은 아니었지만 황빠(황우석빠)에 이르기까지, 수많은 빠가 부침을 거듭해 왔다. 그리고 요즘은 나꼼수빠까지 등장했다.

생각해 보니 과거에는 '빠'라는 말이 없었다. 3김 정치 시절, 아무리 김대중 – 김영삼 – 김종필 3김의 인기가 지역마다 대단했어도, 그때는 지지자들을 '빠'라고 하지 않았다. 그 대신 '신도'라는 말은 있었다. 워낙 열렬한 지지자를 가리켜 마치 교주를 섬기는 신도 같다고 해서 나온 용어였다. 물론 빠라는 말이 그러하듯이, 과잉 지지에 대한 부정적인 뉘앙스를 담고 있는 말이었다.

'노빠'라는 말의 등장

'빠'라는 말이 등장한 것은 노무현 시대가 열리면서였다. 2002년 대선을 앞두고 노풍이 불었다. 그해 초까지만 해도 노무현 후보가 민주당의 대통령 후보가 될 것이라고 생각했던 사람은 많지 않았다. 그러나 노무현은 국민경선을 통해 기적과도 같은 승부를 펼치며 민주당의 대통령 후보 자리를 거머쥐었고, 한나라당 이회창 후보를 꺾고 16대 대통령 자리에 올랐다.

그때 노풍의 한복판에 있었던 것이 노사모를 구심으로 하여 모여든 수많은 팬들이었다. 그들은 자발적으로 거리에 나서 노무현 대통령 만들기의 역사를 이루어냈다. 그 이전까지 정치인들에 대한 후원회야 많이 있었지만, 노사모는 본격적인 정치인 팬클럽 시대를 열었다는 점에서 새로운 정치문화의 견인차로 등장했다.

노 대통령을 향한 팬들의 지지와 성원은 대단했다. 왜 안 그랬겠는가. 한국 정치 사상 최초로 비주류 출신의 인물이 대통령 자리에 오른 역사가 아니었던가. 노무현의 팬들은 그를 무한히 신뢰했고 사랑했다.

그런데 집권 이후 어려운 문제들이 생겨나기 시작했다. 노무현 대통령 만들기에 힘을 모았던 야권 지지 세력 내부에서 노 대통령의 행보와 노선을 둘러싸고 논쟁이 빚어지기 시작한 것이다.

쟁점은 여러 가지였다. '좌측 깜빡이 켜고 오른쪽으로 간다'는 말이 가리켰던 정책 노선의 보수화 문제, 그리고 소모적인 논쟁을 불러일으키는 언행 등이 그것이었다. 그리하여 집권 초반기부터 노무현 대통령을 향한 야권 지지층 내부의 비판이 전개되었다. 그리고 그 비판에 대해 노 대통령의 열성적 지지자들은 다시 반박하며 방어하는 반응을 보였다. 그 과정에서 '노빠'라는 말은 노 대통령에 대한 과잉 열성 지지자들을 가리키는 말로 사용되었다. 빠의 팬문화는 그 이후 계속 이어진다.

빠 문화의 단절감

사실 나는 앞서 소개한 인물들의 열렬 지지자들로부터 적지 않은 비판을 받고 시달렸던 기억이 있다. 노무현 대통령 시절, 나는 그의 행보에 대해 적지 않은 비판을 하곤 했다. 물론 나도 2002년 대선에서 노무현 후보가 승리하는 것이 역사의 바른 방향이라고 생각하고 그의 당선을 바랐던 사람이다. 그러나 집권 이후 재신임 발언, 한나라당과의 연정 제안을 비롯한 돌출적인 언행, 그리고 이라크 파병 등과 같은 퇴행적 정책에 대해서는 강한 비판을 하곤 했다.

시사평론가로서 노 대통령을 무조건적으로 지지할 수는 없는 일이고, 사안에 따라 시시비비를 가리는 자세가 필요하다는 것이 나의 믿음이었다. 그러나 나의 마음은 제대로 전달되기 어려웠다. 노 대통령의 열렬 지지층에서는 나를 배신자, 변절자 취급하면서 비난하는 댓글들을 수없이 올렸다. 그것은 건설적인 논쟁과는 거리가 먼 인신 공격의 외형을 띠기도 했다.

지지자들 입장에서는 조중동의 공격으로부터 도와주지는 않고 함께 비판을 해 대는 진보 성향의 인사들이 더 미웠을지 모르지만, 어찌되었든 내부적 반목은 연대의 회생을 불가능하게 만들고 생각보다 심한 상처를 남겼던 것 같다.

노 대통령의 서거 이후에도 어떤 이들은 나의 블로그에 댓글을 남겼다. "노무현 대통령에 대해 당신이 했던 비판을 결코 잊지 않을 것"이라고. 당시 노 대통령의 서거 앞에서 함께 가슴 아파하는 것도 허락하지 않을 만큼 그 후유증은 오래갔다.

2007년 대선 때 나는 문국현 창조한국당 후보의 열렬 지지층으로부터도 많은 공격을 받아야 했다. 당시 진보층 일각에서는 대통합민주신당 정동영 후보에 대해 회의를 갖고 문국현 후보를 대안으로 생각하는 움직임이 있었다. 특히 인터넷 언론 〈오마이뉴스〉는 그 선봉에 서기도 했다.

그러나 나는 문국현 후보에 대한 검증이 선행되어야 함을 제기하며 제동을 걸었다. 문 후보가 우리의 대안이 될 수 있는가를 최소한의 검증도 거치지 않고 바람몰이식으로 하는 것은 매우 위험한 일이라고 판단했던 것이다.

그리고 문 후보의 지지율이 더 이상 경쟁을 하는 것조차 의미 없을 정도로 정체되자, 나는 후보 단일화를 위한 문 후보의 결단을 촉구했다. 물론 이명박 후보에 대해 정동영 후보가 승리할 가능성은 크지 않았지만, 그래도 그것이 최선을 다하는 일이라고 생각했던 것이다.

그러나 나의 그 같은 의견들은 문 후보의 열렬 지지층으로부터 무차별 공격을 받아야 했다. 역시 진지한 토론과는 거리가 먼 비이성적인 비난이 눈에 많이 띄었다.

그 이후에도 나는 종종 악역을 맡곤 한다. 2011년 10월 김해을 보궐선거에서 국민참여당이 끝까지 야권 후보 단일화를 위한 양보를 하지 않았을 때, 나는 유시민 대표의 분열주의적 행동을 비판했다. 물론 그때도 유시민 대표의 열성 지지자들로부터 많은 욕을 먹었다. 박근혜 새누리당 비대위원장의 행보를 비판할 때면 박사모 지지자들이 나를 비난하곤 했다.

물론 나에게 정치인을 비판할 권리가 있듯이, 그 정치인의 지지자들도 나를 비판할 권리가 있다. 그것이 문제될 이유는 없다. 다만 언제나 느끼는 문제는 서로가 의견과 주장이 다르다 해도 소통을 통해 이해의 폭을 넓혀가기보다는 단절의 벽에 부딪히게 된다는 점이다.

빠문화는 이분법적 사고의 소산

빠문화는 자신이 지지하는 인물의 무오류성에 기반한다. '그'는 언제나 옳고, 설혹 잘못이 있더라도 그럴 만한 사정을 이해해 주어야 한다는 생각을 갖고 있다. 따라서 '그'에 대한 비판은 부당하거나 잘못된 것이라고 생각하곤 한다. 그러다 보니 '그'를 비판하는 사람들과 소통이 아닌 대결을 벌이게 되는 모습을 보이게 된다. '그'에 대해 비판을 하는 사람들은 반대편과 같은 사람들로 간주한다.

그러나 세상에 무오류의 정치인이 어디 있겠는가. 아무리 바

른 방향을 추구하는 정치인이라 해도 정치적 행위에 대한 감시
와 검증은 항상 따라야 하는 것이다. 그가 추구하는 방향이 옳은
것이라 해서 모든 것을 눈감아주고 우리끼리 이해하고 넘어가자
는 식의 사고로는 국민을 이해시킬 수 없다. 우리들만의 리그가
아니기 때문이다.

아무리 내가 신뢰하고 지지하는 정치인이라 해도 잘못된 점,
혹은 사람들을 납득시키기 못하는 점이 있으면 그것을 지적하고
쓴소리를 하는 것이 옳은 일이다. 무조건적 지지가 문제가 되는
이유는 사안에 따라 시시비비를 가리는 합리적 혹은 균형적 사
고가 설 자리가 없게 된다는 사실이다. 맹목적인 감싸기와 지지
는 약이 아니라 독이 될 위험이 다분하다.

빠문화 현상은 이분법적 사고의 소산이다. 빠문화적 사고에서
는 저편과 이편만이 있을 뿐이고, 그 사이에 있을 수 있는 여러
다양한 입장들은 인정하지 않는다. 나의 편이 아니면 곧 저쪽 편
으로 간주하는 것이 빠문화적 사고이다.

아무리 우리가 함께 지지했던 인물이라 해도 잘못하는 것이
있으면 그 일에 대해서는 지적하고 비판하는 것이 옳은 자세이
다. 그런데 그러한 비판조차도 저쪽 편만 이롭게 하는 이적행위
식으로 몰아붙이며 공격하는 것은 이분법적 폭력일 뿐이다.

돌아보면 우리 사회에서 이분법적 사고라는 것이 얼마나 횡행

해 왔던가. 분단 이후 한반도가 좌우의 이념적 대립 속에 갇혀버리면서 우리 사회에서는 좌우의 이분법이 사회적 이데올로기로 오랜 세월 자리해 왔다. 인간의 모든 사고를 좌 아니면 우, 그러니까 우리 편 아니면 저쪽 편으로 나누는 사고가 사회를 지배해 왔다. 그것은 인간의 다양한 사고와 가치를 부정하고 획일화된 사회를 강요한다는 점에서 인간의 양심에 대한 폭력이었다.

분단 이후 오랜 세월 동안 그러한 이념적 이분법이 판을 치면서 우리의 사고도 알게 모르게 이분법적 사고에 물들어온 것은 아닐까. 빠문화의 바탕에 자리하고 있는 이분법적 사고가 기실은 냉전시대가 강요한 이분법적 사고와 뿌리를 같이한다는 점을 생각한다면 그것 또한 우리가 시급히 극복해야 할 폐해임을 알 수 있다.

고 리영희 선생이 남긴 불후의 저작 제목이 《우상과 이성》이다. 우리의 이성은 어떠한 우상도 허용해서는 안 된다. 그래야 깨어 있는 인간, 깨어 있는 사회가 가능해진다.

우상은 독재 권력만이 만들어놓는 것은 아닐 것이다. 아무리 진보적 사고를 가졌다고 자처해도, 또 하나의 권력을 만들어놓고 무조건적인 지지를 보낸다면 그것은 화석화된 유사 진보일 뿐이다. 우리에게 절실한 것은 언제나 깨어 있는 이성이고, 그것을 마비시키는 어떤 행동도 이성적인 사회를 가로막음을 기억하자.

진보는 제대로 소통하고 있는가

나는 이 책에서 소통의 중요성을 일관되게 강조했다. 특히 SNS 환경이 도래하면서 정치적 소통의 중요성이 커졌고, 소통의 리더십이 우리 정치사회를 이끌어 가야 함을 말했다. 그래서 소통 부재의 리더십으로 MB 리더십 혹은 박근혜 리더십에 대한 비판을 하기도 했다.

소통하지 않는, 폐쇄적이고 수직적인 리더십은 개방적인 수평적 네트워크 시대의 정치사회를 이끌 자격도, 능력도 없다는 것이 나의 판단이다.

그런데 시선을 한번 가까이로 돌려보자. MB 리더십을, 박근혜 리더십을 소통 부재라며 비판하고 있는 진보 진영은 과연 제대로 소통하는 모습을 보여주고 있는가.

진보 진영에 대한 질문

나는 다소 도발적으로 들릴지 모르는 이 질문이 절실히 필요한 시점이라고 생각한다. 소통의 중요성을 강조해 온 진보 진영 또한 진정한 소통에 지극히 취약한 모습을 드러내왔기 때문이다.

나는 오랫동안 시사평론 활동을 해오면서 "너는 도대체 누구 편이냐"라는 질문을 많이 받았다. 평소 나를 진보 친화적인 사고를 가진 인물로 생각하고 있던 사람들 사이에서, 내가 그들의 기대에 어긋난 논평을 내놓았을 때 나오곤 했던 반응이다.

예를 들면 이런 경우들이었다. 참여정부 시절 노무현 전 대통령의 행보와 정책을 비판했을 때, 2007년 대선에서 문국현 후보의 리더십에 대한 검증이 필요함을 제기했을 때, 2011년 김해을 재보선에서 국민참여당과 유시민 대표를 분열주의적이라고 비판했을 때, 곽노현 서울시 교육감이 기소되었을 때 결과적 책임을 지고 사퇴할 필요성을 제기했을 때, 4·11 총선 때 막말 파문에 따라 김용민 후보의 사퇴를 촉구했을 때…. 번번이 나는 거친 항의를 들어야 했다.

물론 하나하나의 일들에 대한 나의 판단이나 주장이 옳은 것이었는지를 나 또한 성찰적으로 돌아볼 필요가 있을 것이다. 관점에 따라서는 나의 주장들이 무조건 다 옳았다고 말할 수도 없다. 물론 그 가운데는 어느 것이 옳고 그른지에 대한 절대적인 답이 없는 사안들이 많다. 하나의 사안을 놓고 서로 다른 다양한 의견들이 충분히 개진될 수 있는 성격의 것들이었다. 그러니까 그런 얘기가 꺼내져서도 안 될 정도의 궤변으로 간주될, 그래서 나의 이념적 커밍아웃을 강요받아야 할 정도의 것은 아니었다는 것이 나의 생각이다.

굳이 그들 열성적 팬들의 비판을 무릅쓰며 그런 소리를 하곤 했던, 시사평론가로서 내가 갖고 있는 원칙은 이런 것이었다. 편 가르기 논리, 혹은 진영의 논리에 갇히지 말고 사안별로 시시비 비를 가리자. 그것이 때로는 진보에게는 아프게, 보수에게는 반 갑게 전해진다 해도 합리적 판단을 내리는 일이 중요하다고 나 는 믿어왔다. 그래서 나는, 의식적으로 균형을 맞추기 위해서가 아니라, 국민 상식에 부합되는 의견을 내놓기 위해 종종 진보와 보수의 구분을 넘나들며 소신을 밝히곤 했다.

다양한 의견이 함몰되는 이분법적 진영 논리

그러나 이분법적 진영 논리가 득세한 주변 환경은 제3의 논리 에 강한 거부감을 드러냈다. 내가 꺼내곤 하는 제3의 주장들은 종종 집단적 비난의 대상이 되며 이단시 되곤 했다.

가장 최근의 경험이 4·11 총선 과정에서 있었던 김용민 후보의 막말 파문과 관련된 문제였다. 나는 막말 파문이 계속 번질 기세를 보이자, 4·11 총선 전반에 미칠 악영향을 우려하여 그의 사퇴를 통한 수습을 촉구했다. 물론 8년 전에 있었던 발언이라는 상황을 이해하면서도, 그동안 진보 진영이 여당 쪽에 요구했던 잣대를 공정하게 적용한다면 김 후보의 사퇴 역시 불가피하다는 판단에서였다.

그러나 나의 이러한 발언은 나꼼수 팬들의 항의에 직면했다. 무엇이 그렇게 잘못이냐, 문대성도 사퇴하지 않는데 왜 김용민만 사퇴하라 하느냐, 조중동의 프레임에 말려든 주장이다…. 그런 비난들이 쏟아졌다. 4·11 총선이 끝난 뒤 대부분의 여론조사 전문가들이 민주통합당이 패배한 데는 막말 파문에 대해 분명하게 대처하지 못한 점도 영향을 준 것으로 분석했지만, 이조차도 수긍하지 않는 목소리들이 많았다.

사실 이 문제는 그리 복잡한 판단을 요하는 성격은 아니었다. 진보와 보수, 우리 편과 저쪽 편의 구분을 넘어 단순히 국민의 상식에 맞추어 생각한다면 어떤 식으로든 책임을 지는 모습이 필요한 것은 분명한 사안이었다. 그런데도 진보 진영 내에서 그 같은 책임론을 받아들이지 않는 기류가 강했던 것은 결국 상식의 논리보다 진영의 논리가 우선했던 결과라 할 수 있다. 진영의 이해관계에 따라 보고 싶은 것만 보고, 믿고 싶은 것만 믿는 모습이 있었던 것이다.

　이러한 이중적인 잣대는 우리 안에도 자리하고 있었다. 특히 SNS 공간에서는 이 같은 진영 논리가 지나칠 정도로 횡행하고 있다. 여러 논쟁적인 사안에 대해 진보와 보수 양 진영의 이분법적 논리만이 등장하고, 그와 다른 제3의, 혹은 중간적 논리는 설 자리가 없는 광경이 SNS에서도 벌어지고 있다. 그 결과 의견의 다양성은 사라지게 되고, 획일화된 주장만이 일사분란하게 반복된다.

　이같이 진영 논리만이 판을 치게 됨에 따라 자신이 어느 진영에도 고정되어 있지 않다고 생각하는 다수의 국민들은 진영 간의 이념 대결에 대한 식상함을 갖게 된다. 자신을 보수 진영의 일원으로도 진보 진영의 일원으로도 규정하지 않는 다수의 중간층들은 진영 논리보다는 상식의 논리로 사안들을 바라보고 판단하고자 하는 사람들이다. 보수나, 진보 어느 진영에도 속하지 않은 채 상식의 잣대로 우리 사회를 바라보겠다는 안철수 원장에 대해 우리 사회의 중간층이 적극적인 지지를 보냈던 것도 바로 진영 논리에 함몰된 우리 정치의 변화를 바라는 의미가 담겨 있다고 할 수 있다.

진보에게도 성찰 능력이 요구된다

이분법적 진영 논리는 그것이 진보의 논리든 보수의 논리든, 소통을 가로막는다는 점에서 다를 바가 없다. 나는 이 책의 앞에서 특히 우리 사회의 보수 진영이 소통에 둔감하다는 것을 지적했다. 그런데 문제는 이분법적 진영 논리에 대한 책임이 진보 진영에서도 나타나고 있다는 점이다.

의견이 다른 사람들과 소통하려 하지 않고 그저 배척하고 비난만 하는 모습은 보수가 소통을 거부했던 것과 다를 바 없는 모습이다. 특히 자신들을 향한 비판에 대해 귀를 열고 듣거나, 자신들의 잘못을 돌아보려 하지 않는 모습은 성찰의 부재라는 지적을 피하기 어렵다.

지난 4·11 총선 과정, 그리고 총선 패배를 돌아보는 과정에서도 진보의 성찰 능력은 매우 취약하게 비쳐졌다. 야권의 압승이 예상되던 선거에서 패배했는데도, 그 원인에 대한 심각하고 진지한 반성은 매우 취약했다. 야당들도 그러했고 SNS에서도 그러했다.

당시 패배한 야당과 야권 지지자들이 우선 했어야 할 일은 '도대체 우리는 무엇을 잘못해서 패배했는가'를 성찰하는 일이었다. 그러나 선거 직후 SNS에서 터져 나온 많은 목소리들은 조중동의 여론 왜곡에 대한 규탄, 부정선거 규탄 등으로 모아졌다.

패배를 인정하고 싶지 않은 마음은 이해가 가지만, 외부적 요인에 대한 규탄에만 목소리를 높인다고 달라질 것은 아무것도 없었다.

그러한 외부적 환경이야 어제 오늘의 일도 아닌 상수가 되어 있는 문제이고, 그것만 규탄한다고 해서 12월 대선의 결과가 달라질 것은 없다. 야권 지지자들에게 중요한 것은 우리가 무엇을 잘못했길래 진 것인가, 12월에 또 패배하지 않으려면 무엇이 달라져야 하는가에 대한 성찰적 질문과 대답을 찾는 일이었다.

이러한 진보의 성찰은 소통으로부터 시작해야 한다. 나와 생각이 다른 사람을 배척하지 않고 그들의 의견을 존중하며 소통하는 모습, 우리의 허물과 미흡함을 인정하고 언제든 바꾸어 나가려는 자세, 이러한 모습을 보일 때 우리는 합리적 진보가 될 수 있고 어느 진영에도 속하지 않은 많은 국민들도 우리에게 가까이 다가올 수 있다. 진보의 힘은 나를 성찰하고 바꿀 수 있다는 결단에서부터 찾아질 수 있다.

8

동지도 신뢰도 끊어진
통합진보당의 참화

• 이 글은 통합진보당 기관지 〈진보정치〉에 실린 기고문이다. 원고를 마무리할 무렵 워낙 큰 정치적 이슈가 되었고, 이 책이 강조하고 있는 소통의 문제와 맞물려 있다고 생각하여 싣기로 했다. 책이 출간되었을 시점에서의 시의성 여부와 상관없이 이 글이 독자들께 전하려 하는 메시지는 유효할 것이다.

여론의 지형에서 9대 1 정도의 게임이 되고 있는 사안에 대해 발언하는 것은 둘 중의 하나이다. 여론의 대세에 맞추어 남들 하는대로 그저 말 한마디 보태든가, 아니면 여론의 돌팔매를 덩달아 맞을지 모르는 위험한 발언을 하던가.

나는 이 상황에서 후자를 택한다. 그렇다고 나는 어느 한쪽의 편을 들 생각도 없고 그럴 이유도 없다. 이제는 서로 간의 무자비한 권력 투쟁으로 변질되어버린 통합진보당의 진흙탕 싸움 앞에서 굳이 편을 들 세력이 어디 있단 말인가. 다만 오로지 진실을 알고자 하는 긴장의 끈을 놓지 않고 살아가는 한 사람으로서, 나의 이성적 사유가 제기하는 합리적 의심들을 누구의 눈치도 보지 않고 자유롭게 말할 뿐이다.

먼저 불필요한 소모적 논란을 방지하기 위해 두 가지 대전제를 분명히 하자.

첫째, 정당 내부에서의 폭력 행위는 있어서는 안되는 일이다. 아무리 당사자들로서는 억울하고, 그래서 분격한 상황이라 해도 공당의 회의석상에서 폭력이 행사된 일은 누구의 이해도 구하기 어렵다. 중앙위원회에서의 폭력 행사는 그 억울함의 호소를 들어보려 했던 사람들의 귀마저도 닫아버리게 만든 결정적 패착이었다. 그로 인해 많은 사람들이 통합진보당 사태의 핵심으로 폭력 사태를 떠올리게 되었다. 잘못한 일이다.

둘째, 당내 경선에서 결과를 조작하기 위한 부정 행위가 있었다면 그 또한 용서할 수 없는 일이다. 실제로 그 같은 목적의 부정행위가 있었는지에 대해 철저한 조사가 따라야 하고, 만약 그런 범죄 행위가 확인된다면 당사자들에 대해서는 진보 정당에서 영구히 추방하는 것은 물론이고 형사적 책임까지 물어야 마땅하다.

이 두 가지는 결코 정파적 이해관계에 따라 달리 해석할 문제가 아니다. 민주주의를 말하는 사람이라면 누구도 거부해서는 안 될 대전제이다.

합리적인 절차와 해법이 필요

그런데 이것이 전부가 아니라는 데 문제의 어려움이 있다. 현재 통합진보당 내분 사태의 최대 쟁점은 이석기, 김재연 당선자의 사퇴 문제가 되었다. 당초 경선 부정 문제에서 출발했던 논란은 여러 과정을 거치며 이 지점에 도달했다.

혁신비대위는 두 당선자의 사퇴를 당 혁신의 최우선적 과제로 삼고 있으며, 대부분의 언론 또한 두 당선자를 정조준하고 있다. 그런데 이 결정적 대목에서 의문이 든다. 두 당선자의 사퇴 여부가 이번 사태의 최대 쟁점이 되고 있는 상황은 과연 합리적이며 논리적인 것인가. 그 문제가 '총체적 부정선거'가 사실이었는지에 대한 확인을 하는 것보다 반드시 선행되어야 할 논리적 이유는 무엇인가.

이에 대해 국민에게 공동 책임을 지는 모습을 보이는 것이라고들 말한다. 그러나 일단 여론의 불을 끄기 위해 그러는 것이라면 비겁한 일이다. 정당에게 있어서 '국민의 눈높이'라는 것은 당연히 중요하지만, 때로는 감히 여론에까지도 맞서며 진실을 지키고 당을 지켜온 것이 진보 정당의 역사였다.

두 당선자가 '공공의 적'이 되어버린 상황에 견주어, 정작 재앙의 출발점이었던 '총체적 부정 선거' 여부에 대한 철저한 진상 규명이라는 과제는 뒷전으로 밀려나 있는 상태이다. 지난 5월 10일 개최된 통합진보당 전국 운영위에서는 당 비례대표 경선 부정·부실 사태를 추가 조사할 진상조사 특별위원회를 구성하기로 결정했다. 혁신비대위가 출범했지만 두 당선자의 사퇴 문제, 폭력사태에 대한 진상 조사의 뒷전으로 밀려버린 후순위 과제가 되어버린 모습이다. 의제의 우선 순위가 합리적이지 못하다는 판단이 든다.

갈등의 출발점이 되었고, 공동 책임론의 근거가 되었던 부정 경선 진상조사 결과에 대한 상반된 입장이 충돌하고 있는 상황에서는 추가 조사 혹은 재조사를 통한 사실 관계의 검증과 확인이 필수적인 과제일 수밖에 없다. 물론 현재의 상황에서 더 조사를 한다고 해도 모두가 인정하는 결과가 보장되는 것은 아니다. 새로운 조사 과정에서도 상이한 해석과 판단이 분쟁거리가 될 수 있다. 그렇다 해도 이 문제를 피해가서는 갈등을 근원적으로 치유할 수 없을 것이다.

이미 다 끝난 얘기라고 할지도 모른다. 국민의 눈높이에서 보면 다 부정인 것으로 결론 난 것 아니냐는 얘기도 나온다. 정치의 영역에서는 국민의 눈높이가 그렇게 지고지선의 것일 수 있을지 모른다. 그러나 이성적 사유의 영역에서는 그 결론조차도 합리적 의심의 성역이 될 이유는 없다. 논리적 반론이 제기되고 귀 기울일 만한 소명이 이어지는데도 그것을 묵살하고 덮어버린 다면 진보답지 못한 일이다.

서로 다른 정치문화가 낳은 충돌

사실 오늘의 재앙은 4·11 총선을 앞둔 졸속 통합의 과정에서 이미 잉태된 것이다. 통합진보당에는 서로 다른 활동 배경과 정치문화를 가진 여러 세력이 참여하여 손을 잡았다. 거기에는 진보 정당의 외연을 확장한다는 연대의 의미가 있었지만, 이질적 세력 간 가치와 문화의 충돌 위험이 언제나 존재하고 있었다. 이번에 터져나온 부정 경선 논란도 그런 배경와 무관하지 않다.

이번 갈등의 스토리를 거칠게 압축해 보면 이런 것 아니겠는가. 민주노동당을 해 왔던 당원들은 지난 13년 동안 그렇게 투표를 해 왔다. 노조 사무실에서 같은 PC를 사용해서 줄지어 투표를 했고, 때로는 투표하러 가는 동료에게 자신도 아무개를 대신 찍어달라고 부탁했으며, 가족이 함께 당원일 수 있는 것이 자랑스러워 권영길 할아버지를 너무 좋아했다는 5살짜리 아이를 당원으로 가입시켰다. 거기에 나쁜 부정의 의도는 없었다. 그리고 그렇게 해도 그들 사이에서는 아무런 문제가 되지 않았다.

그런데 어느 날 갑자기 '총체적 부정 선거'라는 말이 언론에 등장했다. 앞의 경우들은 IP 중복, 대리투표의 사례로 제시되거나 보도되었다. 하루아침에 부정 선거의 원흉이 되어버린 당원들은 억장이 무너졌다.

그러나 국민참여당을 하다가 통합에 참여한 당원들은 그들을 이해할 수 없었다. 지금 세상에 그런 식으로 투표를 하는 사람들이 있다니. 선거의 규정과 법을 위반했다면 그것이 곧 부정인데, 국민의 눈높이에는 아랑곳하지 않고 자신들의 잘못과 책임을 인정하지 않는 사람들을 납득할 수 없었다. 결국 절차적 민주주의의 기본조차 무시하며 자신들의 기득권을 내놓지 않으려는 사람들로 비쳐졌던 것이다. 더구나 그들은 단상을 점거했고 폭력까지 휘두르지 않았던가.

이 갈등에는 물론 여러 측면이 존재하지만, 근본적인 뿌리를 추적해 보면 결국 정치문화의 차이가 낳은 충돌의 측면이 강하다. 현장 기반의 전통적 진보 정당을 해 온 당원들과, 시민 기반의 자유주의적 성향의 정당을 해 온 당원들 사이의 문화적 차이는 서로를 이해하기 어렵게 만들었다. 이럴 때 역지사지의 정신이라도 있어야 했지만, 이들에게는 상대의 입장을 이해하려는 의지가 없었다. 외부인인 나의 눈에는 양쪽의 입장이 이해되는 상황이었건만, 정작 내부인들 사이에서는 굳이 이해하고 싶지 않은 일이었던 것 같다.

자기들끼리의 투표를 어떻게 해도 별 문제가 아니었다는 관행의 논리는 결코 자랑일 수 없다. 이 투명한 SNS 시대의 진보 정당이 그렇게 전근대적인 모습을 보이면서 민주주의를 말한다는 것도 말이 되지 않는다. 언젠가는 한번 깨지고 다시 태어나야 할 낙후된 질서였다.

그러나 지금 이런 식으로 서로가 깨고 깨지는 것은 모두에게 상처가 너무 크다. 바다 한가운데서 작은 배에 탄 사람들이 치고 받으며 싸우면 그 배는 가라앉게 되어 있다. 그 배에 탔던 모든 사람들과 함께.

신뢰와 의리의 회복이 혁신의 첫걸음

애당초 이렇게까지 재앙적 상황으로 치달을 일은 아니었다. 진보 정당을 같이하는 '동지'로서의 최소한의 신뢰가 있었던들, '총체적 부정 선거'라는 대국민선언을 하기 이전에 철저한 진상 확인과 그에 따른 합당한 책임을 지는 자정의 길이 있을 수 있었다. 다시는 그런 잘못된 '관행'이 나타나지 않도록 하는 데 방점을 찍을 수도 있었다.

그러나 신뢰는 어디에도 존재하지 않았고 정파적 논리에 따른 제로섬 게임이 펼쳐졌으며 상황은 여기까지 와버렸다. 그런 점에서 작금의 갈등은 진보 정치 세력의 정치력 부재를 적나라하게 드러내는 장면이기도 하다. 정치력에 대한 주문이 국민에게 숨길 것 숨기며 담합해서 적당히 덮으라는 의미는 물론 아니다. 애당초 이렇게까지 진보 정당을 거덜낼 일이 아닌 것을 가지고 최악의 상황으로까지 몰고온 진보 정치 세력의 정치적 무능을 탓하는 것이다. 정당, 그것도 진보 정당 내부의 갈등을 해결할 수 있는 것은 검찰도 아니요 여론도 아니요, 결국 진정성에 입각한 세력 간의 소통이요 정치이다.

서로가 도저히 당을 같이할 수 없는 사이라면, 그것을 어리석게도 이제야 깨달았다면, 차라리 빨리 재산분할하고 결별하는 길을 찾아라. 그것이 아니라면, 그래도 당을 같이 하는 게 낫다고 생각한다면 공존과 통합의 정신을 버려서는 안 된다.

검찰은 통합진보당에 대한 압수수색에 나서 당의 심장이라는 당원명부를 가져갔다. 이제 검찰은 대대적인 수사를 통해 통합진보당을 초토화시킬 태세이다. 분열되어 있는 진보 정당은 권력에게 더할 나위 없는 먹잇감이 될 수 있다. 그 앞에서 신당권파는 무엇이고 구당권파는 또한 무엇이겠는가.

요즘 SNS에는 주변과 전화 통화를 하면 '너는 어느 파냐'는 질문에 시달린다는 통합진보당 당원들의 호소가 자주 눈에 띈다. 정파만 남고 사람들 사이의 신뢰와 의리는 끊어졌다. 진보 정당을 다시 일으켜 세우기 위한 혁신은 이 단절을 다시 잇는 데서 시작되어야 하는 것 아닐까. 다른 정당이 아니라, 사람을 말하던 진보 정당이기 때문이다.

12월 대선, 소통하는 진보를 위해

4·11 총선도 끝났고 이제는 12월의 대통령 선거가 우리를 기다리고 있다. 2012년에 치러지는 양대 선거가 SNS가 주도하는 소셜선거가 되리라던 전망은 4·11 총선에서 일단 어그러졌다. 선거 결과는 SNS에 의해 좌우되지 않았고, SNS의 영향력은 지역에 따라 커다란 차이를 보였다.

SNS 경쟁력에서 우위를 보였던 야당과 진보 세력은 SNS 경쟁력에서 열세에 있던 여당과 보수 세력에게 역전패 당하고 말았다. SNS 대결에서의 승패가 선거 승패로 이어질 것이라는 전망의 한계가 드러난 선거였다.

4·11 총선에서는 지역에 따라 SNS가 아닌 다른 변수들이 선거 승패를 좌우하는 요인으로 살아 있었다. 영남에서는 자신들

의 지역 감정에 따라 지지 정당을 선택하는 지역주의 투표 행태, 서울 강남에서는 자신이 속해 있는 계급적 지위에 맞추어 지지 정당을 선택하는 계급 투표 행태가 변함없이 선거 결과를 좌우한 제1의 변수로 작동했다. SNS 하나로 선거의 승부가 좌우될 것이라고 믿었던 SNS 결정론은 분명 현실과는 거리가 있었다.

그러나 4·11 총선의 결과가 그렇게 나왔다고 해서 그 하나로 소셜선거의 가능성이 전면적으로 부인당할 일도 아니다. 이 시대 소통의 도구로서 SNS의 영향력은 여전히 강력하며, 선거 결과에 영향을 미치는 주요 변수 가운데 하나임에 분명하다.

우리가 SNS의 역할과 한계에 대한 균형 있는 인식을 갖고 그것을 제대로 활용하기만 한다면 SNS를 통한 소통의 힘은 선거 전에서 여전히 위력을 발휘할 수 있다. 다만 그것을 운영하는 주체의 균형 있는 사고와 섬세한 전략이 중요하다. 그러한 노력 없이 같은 생각을 가진 사람들끼리 결의대회하는 식의 SNS 운영은 오히려 생각이 다른 사람들의 반감마저 촉발할 위험이 있다.

특히 중요한 것은 아무리 마케팅이 뛰어나도 결국 상품이 좋아야 물건을 많이 팔 수 있듯이, SNS 마케팅이 제 역할을 하기 위해서는 좋은 정치가 먼저 있어야 한다는, 어찌 보면 당연한 사실을 잊지 않는 일이다. 지난 4·11 총선에서 야권이 패배한 경험은 이 같은 점을 다시 일깨워주고 있다. 아무리 야권 지지층이 투표하러 가자고 SNS를 통해 호소해도, 야당의 미덥지 못한 모습에 등을 돌린 유권자들이 이를 외면한 것은 엄연한 현실이었다.

이 책을 통해 독자들은 SNS 시대가 낳은 정치사회적 변화에 큰 의미를 부여하고 있는 저자의 시각을 접할 수 있었을 것이다. 실제로 나는 SNS의 현장을 온몸으로 체험하면서 그것이 우리에게 어떤 변화의 의미를 던져주고 있는가를 실감해 왔다. 그러나 이 책을 단순히 SNS를 찬미하는 내용으로만 채우려 하지는 않았다. SNS 시대에 대한 장밋빛 그림을 넘어 현실에 기초한 균형 있는 인식과 과제 제시를 위해 노력했다. 그럼에도 4·11 총선의 결과, 그리고 그 이후 전개되는 일련의 정치적 상황을 놓고 보았을 때 여러 가지로 부족함을 느끼게 된다. 이 책에서 제대로 채우지 못한 내용들은 앞으로의 과제로 돌려야 할 듯하다.

이 책의 마지막 정리를 하고 있던 무렵, 우리 정당정치에서 대단히 불행한 사태가 빚어졌다. 통합진보당 당권파와 비당권파 간의 갈등과 충돌이 그것이었다.

비례대표 경선 과정의 부정 여부를 둘러싸고 촉발된 이 갈등은 급기야 이질적인 정치문화를 가진 세력 간의 권력투쟁 양상으로 비화되고 말았다. 그 과정을 지켜보면서 내가 절망했던 것은 소통의 단절이 낳은 참담한 광경이었다.

통합진보당 내의 두 세력은 서로의 정치철학, 그리고 정치문화를 이해하지 못했다. 물론 양 세력 간의 충돌을 절차적 민주주의와 관련된 상식적인 차원의 문제라 해석할 수도 있지만, 갈등의 뿌리를 보다 깊이 들여다 보면 정치문화가 다른 서로를 이해할 수 없었던, 소통의 단절이 낳은 비극이었다고 할 수 있다.

그들에게는 역지사지의 정신이 없었다. 가장 진보적이었던 정당 내부에서조차 서로의 생각을 이해하지 못했고 이해하려 하지도 않았다. 당 내부에서 소통하며 정치력으로 해결할 수 있는 문제를 갖고 국민이 지켜보는 가운데 물리적 충돌을 하는 광경을 연출한 것이다. 신뢰의 붕괴는 소통의 단절을 낳았고 이는 다시 파국을 낳고 말았다. 소통의 시대를 이끌어가야 할 진보 정당이 정작 자신들 내부에서 가장 소통하지 못하는 모습을 보이고 만 것이다. 누구의 잘잘못을 따지고 비난하기에 앞서 가슴 아픈 장면이었다. 내내 소통의 중요성을 강조하던 이 책의 마지막 정리 작업을 그 같은 광경을 목도하면서 해야 했던 저자의 마음은 참담하기만 했다. 소통은 이렇게도 어려운 것인가.

이제 12월 대선이 다가오고 있다. 단절의 벽을 넘어 소통의 정치사회를 만드는 노력의 중요성이 부상하고 있다. 불통의 모습으로 일관한 현재의 정권을 겪으면서, 다시는 이런 역사적 퇴행을 되풀이해서는 안 된다는 다짐을 하게 된다. 그러기 위해서는 우리부터 귀를 열고, 아니 가슴을 열고 소통하는 노력을 기울여야 한다. 그래야 힘이 생긴다. 확장이 가능해진다.

소통의 길이 어렵고 때로는 인내를 요구하는 것이지만, 그래도 민주주의를 다시 일으키는 지름길임을 생각하게 된다. 4·11 총선 이후 여러 가지로 혼돈을 겪고 있는 진보 세력 또한 소통을 통해 국민에게 신뢰받는 모습으로 다시 태어나기를 기대한다. 부족한 이 책을 읽어준 분들께 감사드린다.

정치의 재발견

ⓒ 유창선

초판 1쇄 발행 2012년 6월 22일

지은이 유창선

발행인 이진영
편집인 윤을식

펴낸곳 도서출판 지식프레임
출판등록 2008년 1월 4일 제 322-2008-000004호
주소 서울시 강남구 신사동 511-6 범원빌딩 603호
전화 (02)521-3172 | **팩스** (02)521-3178

이메일 editor@jisikframe.com
홈페이지 http://www.jisikframe.com

ISBN 978-89-94655-22-2 03340